더 가볍고 건강한 나를 위해
뱃살 잡는 로지엘 다이어트를
시작해 볼까요?

레시피팩토리는 행복 레시피를
만드는 감성 공작소입니다.
레시피팩토리는 모호함으로 가득한
세상 속에서 당신의 작은 행복을 위한
간결한 레시피가 되겠습니다.

뱃살 잡는
Low GL
다이어트 요리책

남기선 & 월간 〈더 라이트〉 지음

The Light
건강 요리책 시리즈

Prologue · 뱃살 잡는 Low GL 다이어트 요리책

꾸준히 따라 하면 뱃살이 줄어드는 놀라운 변화를 느끼실 겁니다

01

다이어트를 하는 분들은 물론 기초 대사량이 줄어드는
중장년층, 당뇨 환자들에게도 권하고픈 **Low GL 식사법**

다이어트의 종류는 많아도 그 목적은 두 가지가 아닐까요? 날씬해지고 싶거나 건강해지고 싶은 것이죠. 그런데 선뜻 다이어트를 시작하지 못하는 까닭도 두 가지 같아요. 유혹을 이기지 못해서 많이 먹거나, 무리한 다이어트를 하다가 건강에 위협이 되면 어쩌나 하는 걱정 때문이지요. 맛있게 충분히 먹으면서도 살이 찌지 않는 다이어트, 두 마리 토끼를 모두 잡는 다이어트 방법은 없을까요?

'Low GL 다이어트'는 체중을 건강하게 관리하고, 만성질환을 예방하기 위해서 혈당 부하(Glycemic Load)가 낮은 식사(Low GL diet)를 하는 것입니다.

과거에는 에너지 효율이 좋은 유전자를 가져서 적게 먹어도 체내 잔고를 많이 보유할 수 있는 사람이 생존에 유리했다면, 이제는 먹고 싶은 만큼 먹어도 살이 찌지 않는 사람들이 부러움의 대상이 되었습니다. 하지만 살이 찔 것 같지 않았던 사람들도 나이가 들면 자연스레 체중이 늘고, 특히 뱃살이 두둑해지는 복부 비만으로부터 자유롭지 못하게 되지요. 이 책은 몸매 관리를 위해 다이어트를 하는 분들뿐만이 아니라, 기초 대사량이 줄어드는 중장년층 독자들의 식사 관리, 나아가 혈당 조절이 필요한 당뇨환자들에게도 도움이 될 것입니다.

비만이 개인의 외모와 건강의 차원을 넘어 사회적인 문제가 되고 있습니다. 그로 인해 수많은 다이어트 방법이 제안되고 있고, 특정 다이어트가 밀물처럼 유행했다가 사라지곤 하지요. 이제는 어느 한 가지 특정 음식을 과하게 섭취하거나 지나치게 먹지 않아 오히려 지속적인 실천이 어려운 다이어트가 아니라, 맛있게 충분히 먹으면서도 날씬한 몸매와 건강을 유지하게 해주는 Low GL 식사로 삶의 활력을 찾으시기 바랍니다.

끝으로 뜻을 함께 하여 탁월한 메뉴를 개발해주신 〈더 라이트〉 메뉴 개발팀과 이론편 집필에 힘을 보태어 준 풀무원 식생활연구실 장성희 박사, GL 관련 연구에 힘을 쏟도록 이끌어주신 총괄 사장님 이하 여익현 원장님, 이상윤 부원장님께도 감사 인사를 올립니다.

Low GL 식사법을 연구하는 영양학 박사 남기선

02

쉬운 재료, 간단한 조리법, 누구나 맛있게 즐길 수 있는 맛,
오래 가는 포만감까지 갖춘 <더 라이트>의 **Low GL 레시피**

서점에 나가보면 다이어트를 주제로 한 책들이 참 많습니다. 대부분의 책들이 이론을 설명하고 실천 지침 정도만을 알려주기 때문에, 그 지침을 해석해서 나에게 맞는 계획을 세우고 구체적인 방법을 만드는 것은 독자들의 몫이지요. 그러다 보니 머리로는 좀 알 것 같아도, 지속적으로 실천하기란 쉽지 않을 겁니다. 제 경험담이기도 합니다.

이 책은 아직 국내에는 생소하지만 이미 미국이나 유럽에서는 건강을 위협하는 뱃살을 줄이는데 효과가 있다고 잘 알려진 저탄수화물 다이어트 방법, Low GL 식사법의 핵심 이론은 물론 그대로 따라 하면 되는 구체적인 요리법까지 다양하게 소개한 실전서입니다. 이론 및 원리는 Low GL 다이어트 방법을 꾸준히 연구해온 영양학자 남기선 박사가 집필했고, 구체적인 요리법은 국내 최초의 건강한 다이어트 요리잡지, 월간 <더 라이트> 메뉴 개발팀이 맛과 실용성까지 고려해 과학적으로 개발했습니다.

이론을 완벽히 이해했든, 못했든 상관없이 그 이론에 철저히 입각해 실용적인 요리법을 개발하여 소개했으니 독자님들은 고민없이 꾸준히 따라 하기만 하면 됩니다.

모든 메뉴들은 구하기 쉬운 재료, 간단한 조리법, 누구나 맛있게 즐길 수 있는 맛, 오래 가는 포만감까지도 꼼꼼히 고려해서 한 그릇 식사로 만들었기 때문에 지금껏 다른 다이어트 요리책들에 비해 훨씬 더 실천이 쉬울 것입니다. 지속적으로 따라 하다 보면 식습관은 물론 체질의 변화도 느끼게 될 거예요. 혹 중간에 상황이 여의치 않아 잠시 실천을 중단한다고 해도, 쉽게 요요현상이 일어나지 않을 것이니 다시 심기일전해 이어 나가십시오.

보다 더 풍성한 다이어트 레시피가 필요한 분들이 계시다면, Low GL 식사법에 의거해 제철 재료를 활용한 건강한 다이어트 메뉴들을 소개하고 있는 월간 <더 라이트>도 함께 활용하실 것을 권하고 싶습니다.
<더 라이트>를 통해 변화를 경험했다는 독자님들이 참 많습니다. 이 책으로도 뱃살과 건강을 고민하는 많은 분에게 더 가벼워지고 더 건강해지는 변화의 기쁨을 드리고 싶습니다. 우리 함께 즐겁게 실천해 봅시다!

더 가볍고 건강한 식생활 잡지 월간 <더 라이트> 편집장 **박성주**

Contents

- 002 프롤로그
- 226 대표 식품, 음식의 eGL 표
- 230 인덱스

047
숙주밥

[이론편]

{ 뱃살에 특히 강한 과학적인 다이어트 방법 }
Low GL 다이어트

---

010 PART 1
"뱃살의 이해"
자가 진단! 내 뱃살은 문제 없나?
한국인의 뱃살, 그 원인은?
남자의 뱃살 vs 여자의 뱃살
뱃살은 각종 질환을 유발해요

015 PART 2
"GL의 이해"
뱃살 빼기, 탄수화물 속에 답이 있어요!
열량이 아니라 GL을 반으로 줄이세요
GL이 높은 식품을 먹으면 왜 뱃살이 찔까?

020 PART 3
"Low GL 식사법의 이해"
지금부터 실천해요! Low GL 식사 습관
Low GL 식사, 이런 식재료를 권장해요
Low GL 식사, 이런 식재료는 주의해요
GL 낮추는 조리법을 사용해요
GL 높이는 조리법은 피해요
탄수화물·단백질·지방의 균형이 중요해요
Low GL 식사를 방해하는 음식이 있다?!

028 부록
"뱃살 잡는 생활 습관"
Low GL 외식 및 음주
뱃살 빼는 생활 요가

[레시피편]

그대로 따라 하면 뱃살이 빠지는
Low GL 다이어트 요리 95가지

036 **기본 레슨·뱃살 빼는 요리 만들기**
Cooking 기본 가이드
Low GL 식사에 활용하는 밥, 국, 드레싱
레시피를 따라 하기 전에 꼭 읽어보세요

Low GL 밥
- 046 두부밥
- 047 숙주밥
- 048 새송이버섯밥
- 049 양배추밥
- 050 무밥

달걀 밥찜
- 052 김치 달걀밥찜
- 053 연두부 버섯 달걀밥찜
- 054 명란 달걀밥찜
- 055 양배추 달걀밥찜
- 056 토마토 달걀밥찜

082
부추잡채를 곁들인
구운 가지쌈밥

쌈밥
- 058 씨앗 강된장 두부쌈밥
- 060 꽁치 대파조림 쌈밥
- 062 돼지고기 두루치기 미나리쌈밥
- 064 무생채를 곁들인 닭가슴살보쌈
- 066 땅콩소스를 곁들인 닭고기 무쌈
- 068 대파 버섯 불고기쌈밥
- 070 쌈 싸 먹는 찌개
- 072 스팀 샤부샤부쌈밥
- 074 버섯초회 배추쌈밥
- 076 돼지수육 대파무침 쌈밥
- 078 닭가슴살 갈비양념구이 쌈밥
- 080 오징어 된장볶음 쌈밥
- 082 부추잡채를 곁들인 구운 가지쌈밥
- 084 버섯 약고추장을 곁들인 새우 마늘쌈밥
- 086 양송이버섯강된장을 곁들인 양배추쌈밥

053
연두부 버섯
달걀밥찜

Contents

비빔밥

- 088 토마토비빔밥
- 090 땡초비빔밥
- 092 파프리카 생채비빔밥
- 094 달걀 통깨비빔밥
- 096 호두 마요소스를 곁들인 참치 당근비빔밥
- 098 불고기 호두샐러드 비빔밥
- 100 구운 버섯 명란젓비빔밥
- 102 쪽파 닭안심 된장비빔밥
- 104 콩나물 달걀비빔밥
- 106 새싹 채소 돼지고기비빔밥
- 108 새우 해초비빔밥
- 110 버섯 대파 고추장볶음 비빔밥
- 112 오이 새우비빔밥
- 114 오징어 데리야키비빔밥
- 116 두부 상추비빔밥

볶음밥

- 118 두부 김치볶음밥
- 120 참나물 치킨 달걀볶음밥
- 122 우엉 두부볶음밥
- 124 닭안심 카레볶음밥
- 126 쇠고기 오이볶음밥
- 128 새우 브로콜리볶음밥
- 130 곤약볶음밥
- 132 치즈소스 버섯 오므라이스
- 134 칠리소스 오징어볶음밥
- 136 양파샐러드를 올린 참치볶음밥

덮밥

- 138 청경채 두부구이 덮밥
- 140 마파두부 양파 버섯덮밥
- 142 김치 치즈덮밥
- 144 닭고기 우엉덮밥
- 146 쇠고기 배추볶음 덮밥
- 148 돼지고기 숙주덮밥
- 150 모둠 채소덮밥
- 152 매콤한 닭불고기 마요덮밥
- 154 달걀프라이를 올린 데미그라스덮밥
- 156 토마토 안심 찹스테이크 덮밥
- 158 표고버섯 달걀덮밥
- 160 양배추 참치덮밥
- 162 시금치 새우 데리야키덮밥
- 164 매콤 순두부덮밥
- 166 애호박 새송이버섯덮밥

178 쇠고기 버섯메밀면

118 두부 김치 볶음밥

면 요리

- 168 토마토 고추장 비빔곤약면
- 170 김치 비빔곤약면
- 172 콩나물 비빔곤약면
- 174 양배추파스타
- 176 황태 숙주메밀면
- 178 쇠고기 버섯메밀면
- 180 새우와 구운 채소 통밀파스타
- 182 메밀면 장터국수
- 184 닭가슴살 로제소스 파스타
- 186 파프리카 냉파스타

192 양송이 시금치 웜샐러드

샐러드

- 188 애호박 새우샐러드
- 190 간장 유자드레싱의 쇠고기 토마토샐러드
- 192 양송이 시금치 웜샐러드
- 194 캐슈너트드레싱의 구운 치킨샐러드
- 196 토마토 브로콜리샐러드
- 198 두부 달걀 파프리카샐러드
- 200 구운 연어 시금치샐러드
- 202 사과 호두샐러드
- 204 또띠야를 곁들인 카프레제 샐러드
- 206 구운 채소 퀴노아샐러드

일품 요리

- 208 숙주 참치오믈렛
- 210 두부 김치피자
- 212 채소구이를 곁들인 쪽파 간장소스 등심스테이크
- 214 버섯 프리타타
- 215 아스파라거스 찹스테이크
- 216 구운 피망샐러드와 닭다리살스테이크
- 218 통깨소스 연어구이
- 220 폭찹 스테이크
- 222 아보카도 또띠야피자
- 224 새우 토마토스튜

GL이란?
: Glycemic Load
식품 섭취 후 혈당 부하(변화) 정도를 수치로 표시한 것. 낮을수록 탄수화물이 천천히 소화, 흡수되고 혈당을 적게 올려 식욕 조절과 다이어트에 도움이 된다.

> 이론편

뱃살에 특히 강한 과학적인 다이어트 방법
Low GL 다이어트

왜 먹는 양은 예전과 같은데 나이가 들면 뱃살이 나올까요?
나이가 들어감에 따라 우리 몸의 대사활동은 조금씩 달라집니다.
몸의 변화에 발맞추지 못하고 예전의 식생활을 그대로 유지하면, 뱃살은 피할 수 없는 엄연한 현실이 된답니다.
그런데 뱃살이 왜 문제일까요? '배 좀 나오면 안 되나?'라고 생각하는 분들도 있을 것입니다.
그러나 안 됩니다!
뱃살은 온갖 생활습관병(고혈압, 당뇨 등)의 시작이 되기 때문이에요.
그래서 중년 이후 쭉 건강하게 생활하려면 뱃살부터 잡아야 합니다.
특히 대부분의 뱃살은 내장 지방인 경우가 많아 일반적인 다이어트로는 잘 빠지지 않아요.
뱃살을 잡으려면 특화된 다이어트를 장기적으로 해야 합니다.

그것이 바로 Low GL 다이어트입니다.

PART 1

뱃살의 이해

뱃살, 놔두면 건강을 위협해요

자가 진단! 내 뱃살은 문제 없나?

건강을 위협할 수 있는 뱃살, 복부 비만은 허리둘레를 재는 것만으로도
누구나 쉽게 측정할 수 있어요. 지금 당장 줄자를 꺼내 나의 뱃살을 확인하세요.
[복부 비만 : 남자 90cm(35인치) 이상, 여자 85cm(33.5인치) 이상]

허리둘레 정확히 측정하기

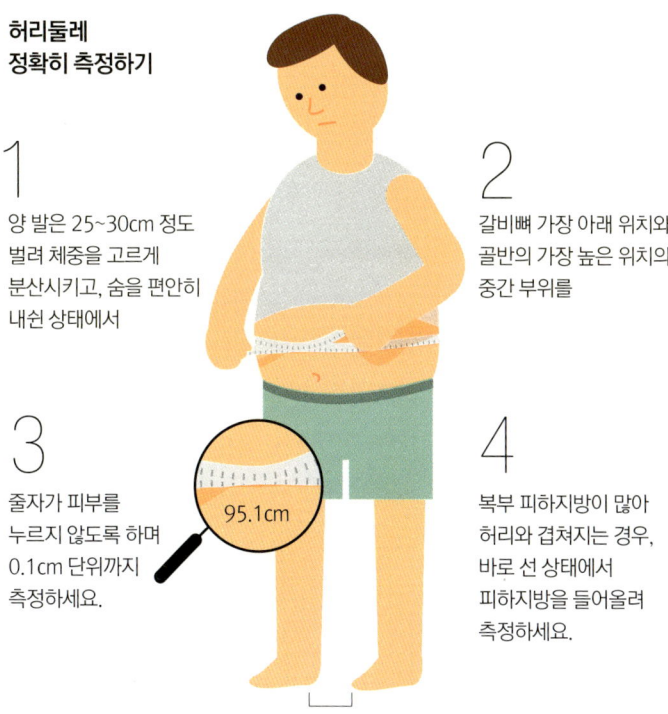

1 양 발은 25~30cm 정도 벌려 체중을 고르게 분산시키고, 숨을 편안히 내쉰 상태에서

2 갈비뼈 가장 아래 위치와 골반의 가장 높은 위치의 중간 부위를

3 줄자가 피부를 누르지 않도록 하며 0.1cm 단위까지 측정하세요.

4 복부 피하지방이 많아 허리와 겹쳐지는 경우, 바로 선 상태에서 피하지방을 들어올려 측정하세요.

note
그 밖의 비만 측정법

• **BMI(Body Mass Index) : 체질량지수**
몸무게(kg)÷키의 제곱(m^2)으로 계산할 수 있어 가장 손쉽게 비만을 판정하는 방법입니다. 우리나라 기준으로 23 이상이면 과체중, 25 이상이면 비만이에요.

• **체지방율**
비만 판정의 기준이 되는 체지방량을 측정하는 방법으로 가장 정확한 기준이 됩니다. 이상적인 체지방률은 남자는 10~20%, 여자는 18~28%입니다. 남자 25% 이상, 여성 30% 이상이면 비만이에요.

PART 1 • 뱃살의 이해

한국인의 뱃살, 그 원인은?

1
한국인은 하얀 쌀밥에 짭짤한 된장찌개지!

우리나라는 밥, 즉 탄수화물이 주가 되는 식사를 하지요.
염분이 높은 반찬은 탄수화물을 더 많이 섭취하도록 유도해요. 이로 인해 섭취 열량은 물론
탄수화물 섭취량도 증가하지요. 에너지로 쓰이지 못하고 남은 탄수화물은
중성 지방이 되는데, 이 중성 지방은 내장 지방으로 쌓여 고스란히 뱃살이 된답니다.

2
밥 배 따로, 군것질 배 따로?!

우리가 즐겨 먹는 음료를 비롯하여 과자, 빵, 케이크, 떡, 초콜릿 등은 대부분 설탕이나
밀가루, 전분, 쌀 등 정제된 탄수화물로 만든 거예요. 최근에는 주식인 밥 외에도
이렇게 지방과 정제된 탄수화물 함유량이 많은 식품 섭취가 늘어나
더욱 문제가 되고 있습니다.

3
가까운 거리라도 자동차 없인 불편해!

개인에 따라 차이는 있겠지만 뱃살이 생기는 이유 중 하나는 운동량 부족이에요.
산업화로 인해 예전에 비해 앉아서 생활하는 시간이 길어지고
신체 활동과 운동량이 줄면서 남는 에너지가 그대로 뱃살로 쌓이는 것이지요.

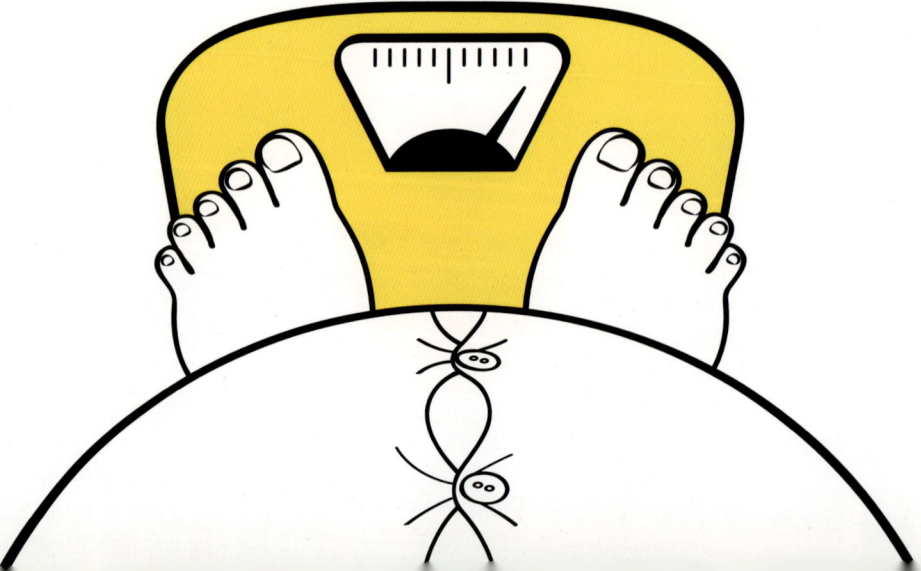

남자의 뱃살 vs 여자의 뱃살

남자
배 주위에 지방이 많이 축적된 내장 지방형 비만이 많아요.
내장 지방 : 눈으로 직접 확인하기 어려운 내장 기관 사이사이에 존재하는 지방

여자
하반신에 지방이 많이 축적된 피하지방형 비만이 많아요.
피하지방 : 손으로 잡았을 때 잡히는 피부 밑의 지방

잦은 회식과 음주 때문에
남성의 뱃살은 음주와 깊은 관련이 있어요. 실제로 한국 남성의 다소비 식품을 살펴보면, 맥주나 소주와 같은 술과 돼지고기가 모두 10위 안에 든답니다. 고지방과 정제된 탄수화물이 주가 되는 식사는 섭취 열량과 중성 지방 수치를 늘려 고스란히 내장 지방, 뱃살이 되지요.

짜게 먹는 습관 때문에
외식을 자주 하는 남성들은 자극적이고 짠맛에 길들여져 있지요. 짠 음식은 탄수화물을 더 당기게 만들어요. 나트륨 함량이 높은 찌개, 탕 등의 국물 음식은 씹지 않고 넘기게 해 밥을 더 많이 먹게 하고, 총 열량을 높여 뱃살을 찌우지요.

지나친 간식 섭취 때문에
수시로 커피나 빵을 먹거나 우울할 때마다 단 음식을 찾는 여성들이 많아요. 밥으로 세 끼를 먹고, 이렇게 탄수화물 함량이 많은 음식까지 즐기면 뱃살 느는 것은 시간 문제랍니다.

갱년기 이후 여성 호르몬 감소 때문에
다음 그래프를 보면 50대 이전에는 남성 복부 비만이 더 많지만, 50대 전후로는 여성 복부 비만이 급격히 증가하죠. 이것은 여성이 갱년기를 맞으면 여성호르몬인 에스트로겐이 감소하고, 지방조직이 증가해 복부에 쌓여 뱃살이 되기 때문이에요.

연령별 비만 발생 비율(허리둘레 기준)

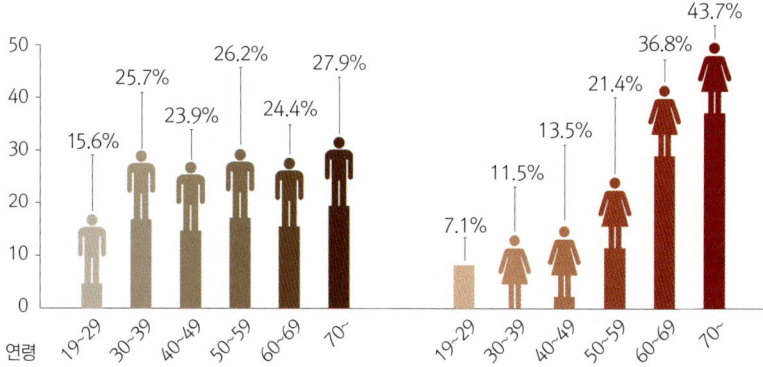

〈2013 국민 건강 통계〉
복부 비만 기준
남자 : 허리둘레 90cm 이상
여자 : 허리둘레 85cm 이상

뱃살은 각종 질환을 유발해요

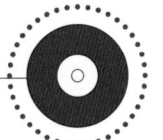
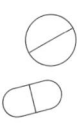

대사증후군
복부 비만은 그 자체로 질병일뿐만 아니라 다른 질환의 진단 기준으로도 활용된답니다. 그 대표적인 예가 대사증후군이에요. 대사증후군은 만성적인 대사 장애로 고혈당, 고혈압, 고지혈증, 비만 등의 생활습관병의 여러가지 전조 증상이 동시에 발생하는 질병입니다. 5가지 증상 중 3개 이상이 나타날 때 대사증후군으로 판정하는데 그중 하나가 복부 비만이에요. 복부 비만을 포함한 대사증후군일 때 심뇌혈관계질환 발생 위험이 더 높아져요. 이를 방치하면 심뇌혈관질환, 당뇨병 등의 합병증으로 사망까지 이를 수 있어 굉장히 위험한 질병이라고 볼 수 있지요.

당뇨병
탄수화물을 섭취하면 혈당이 상승하고, 혈당을 낮추기 위해 혈당 조절 호르몬인 인슐린의 분비가 증가해요. 다량의 탄수화물 섭취로 혈당이 많이 상승하면, 인슐린도 과다 분비되어 혈당을 낮춥니다. 이렇게 '혈당 롤링 현상'이 반복되면 췌장의 과부하, 복부 비만으로 발전해 인슐린이 분비되어도 제대로 기능을 못하는 상태(체내 인슐린 저항성)가 됩니다. 결국, 혈당 조절 능력을 잃어 당뇨병이 되지요.

고혈압
내장 지방, 뱃살이 쌓이면 체내에서 혈관 수축에 관여하는 물질이 증가해요. 이로 인해 혈관이 수축하고, 혈압이 비정상적으로 증가합니다. 또한, 식욕 조절과 혈관 탄력성을 유지하는 호르몬의 분비가 줄어 혈압이 상승하지요. 즉, 내장 지방은 고혈압의 원인이 됩니다.

고지혈증과 동맥경화
뱃살의 원인인 중성 지방이 체내에 증가하면 콜레스테롤이 높아지고 고지혈증까지 유발합니다. 고지혈증은 혈액 내 중성 지방, 혹은 콜레스테롤이 과도하게 증가한 질환으로 혈액의 점도가 증가하고, 지속적으로 혈관이 손상되면 초기 동맥경화를 유발하기도 하지요.

심혈관질환, 뇌혈관질환
에너지로 사용되지 않고 남은 탄수화물로 만들어진 중성 지방은 탄수화물과 지질 대사의 이상을 초래해요. 지질과 당 농도가 높아 점성이 있는 혈액이 우리 몸 구석구석을 돌면서 동맥경화를 비롯한 다양한 혈관성 합병증을 유발해요. 특히, 복부 비만은 이상지질혈증, 지방간 등을 일으키고 이러한 질병은 우리나라 사망 원인 2·3위인 심혈관·뇌혈관질환 등 생명을 위협하는 질환으로 악화될 수 있어요.

PART 2

GL의 이해

GL : 식품 섭취 후
혈당 부하(변화)량

뱃살 빼기, 탄수화물 속에 답이 있어요!

남는 에너지원이 지방으로 전환되어 축적되면서 비만이 되고, 비만율이 늘고 있는 것은 전 세계가 동일해요.
특히 한국인은 탄수화물(쌀밥) 중심으로
식사할뿐만 아니라 최근에는 다양한 종류의 간식 섭취량이 많아지면서
전체 에너지의 68% 정도(약 350g)를 탄수화물로 섭취하고 있어요. 즉, 탄수화물이 뱃살의 주요 원인이라 할 수 있지요.

그래서 뱃살을 줄이기 위해서는 무엇보다도 느리게 소화·흡수되는 탄수화물을 적정량 섭취하는 것
= GL이 낮은 식품을 먹는 것이 중요합니다!

GL이 뭐길래?

GL은 식품 섭취 후의 혈당 부하(변화)량을 말하는데, 아래와 같은 식으로 계산할 수 있어요.

$$GL = \frac{(해당\ 식품의\ GI) \times (해당\ 식품의\ 1회\ 섭취량에\ 포함된\ 당질, g)}{100}$$

여기서 GI(Glycemic Index, 혈당 지수)는 식품에 함유된 탄수화물이 얼마나 빠르게 소화·흡수되어 혈당 농도를 높이는지 나타내는 수치입니다. 지수가 낮을수록 천천히 소화·흡수되어 식욕 조절과 다이어트에 도움이 되지요. 그런데 GI는 1회 섭취량을 고려하지 않아 실제로 식생활에 적용하기가 어렵습니다. 그래서 GI에 식품의 1회 섭취량을 고려한 GL이 더 적절한 것이지요. 예를 들어 수박은 그 달콤함에 비례해 당류가 많이 함유되어 있습니다. 하지만 수분이 많아 한 두쪽 정도 밖에 먹지 못하죠. 그래서 GI는 높지만 GL은 낮답니다. 즉 GI가 식품의 탄수화물과 혈당에 대한 1차적인 정보를 주는 지수라면 GL은 실제 섭취량을 고려해 계산한 것으로, 해당 식품이 혈당에 미치는 영향을 더 현실적으로 예측할 수 있어요.

수박 GI와 GL

수박 GI = 72
수박에 탄수화물이 50g 함유되어 있는 8조각 분량을 먹었을 때의 혈당 상승력 = 72

수박 GL = 4
수박의 1회 섭취량인 1조각 (100g, 탄수화물 함량 6g)을 먹었을 때의 혈당 상승력 = 4

> **note**
> ★ eGL 이 책의 메뉴 식품은 GL 예측 값으로 estimated(추측의) 약자인 e를 붙여 eGL로 표시했습니다. GL은 실제 식품 섭취 후 실험을 통해 혈당 변화량을 측정해야 하지만, 임상 실험을 통해 개발한 GL 산출식(특허 출원 중)으로 실측 값이 아닌 추정 값을 구해 eGL로 표시했어요. eGL 값이 크면 혈당을 많이 올릴 수 있다는 뜻이에요.

열량이 아니라 GL을 반으로 줄이세요

이제 우리는 뱃살을 빼기 위해 음식의 GL에 신경을 써야 해요!
실천이 쉽고, 효과적인 다이어트를 위해
Low GL 식사 기준(1일 평균)을 다음과 같이 제안합니다.

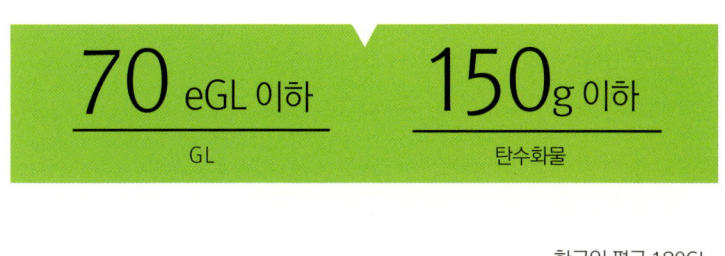

GL이 높은 식품을 먹으면 왜 뱃살이 찔까?

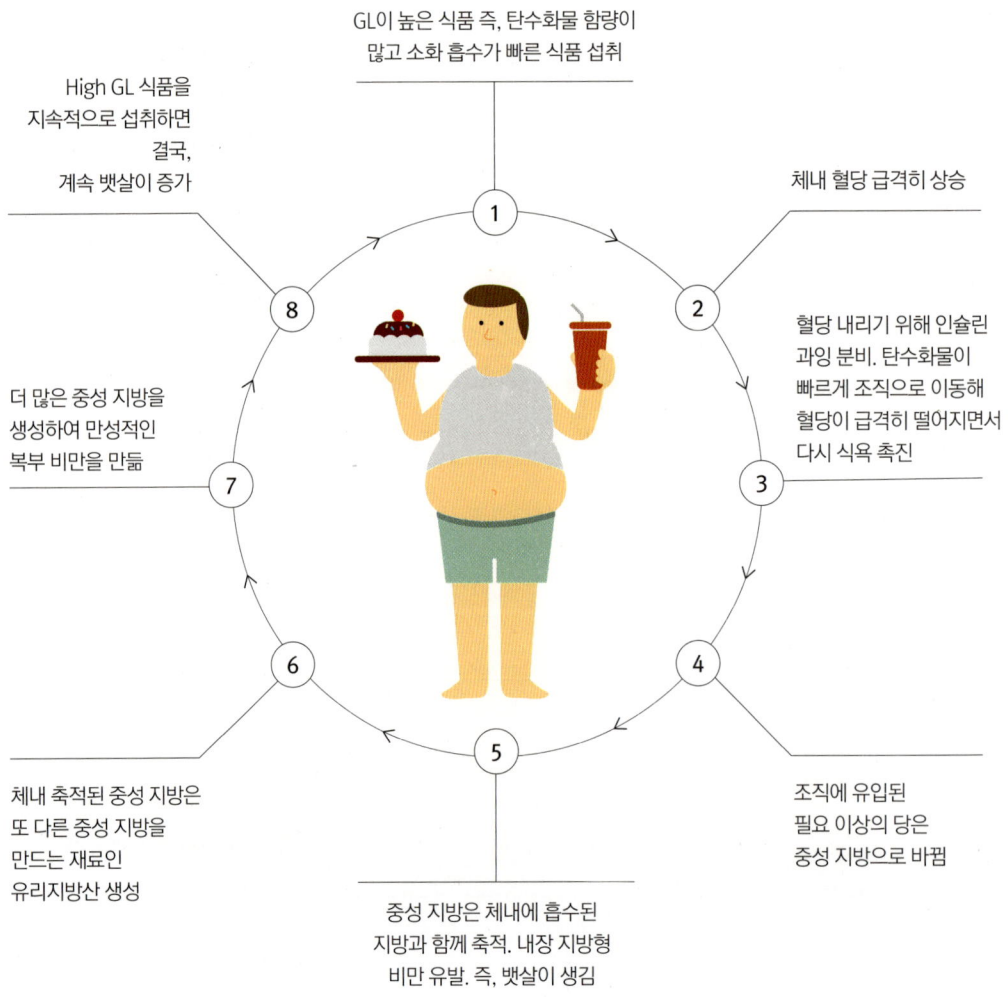

High GL 식사 = 뱃살!

1. GL이 높은 식품 즉, 탄수화물 함량이 많고 소화 흡수가 빠른 식품 섭취
2. 체내 혈당 급격히 상승
3. 혈당 내리기 위해 인슐린 과잉 분비. 탄수화물이 빠르게 조직으로 이동해 혈당이 급격히 떨어지면서 다시 식욕 촉진
4. 조직에 유입된 필요 이상의 당은 중성 지방으로 바뀜
5. 중성 지방은 체내에 흡수된 지방과 함께 축적. 내장 지방형 비만 유발. 즉, 뱃살이 생김
6. 체내 축적된 중성 지방은 또 다른 중성 지방을 만드는 재료인 유리지방산 생성
7. 더 많은 중성 지방을 생성하여 만성적인 복부 비만을 만듦
8. High GL 식품을 지속적으로 섭취하면 결국, 계속 뱃살이 증가

Low GL 식사 = 건강!

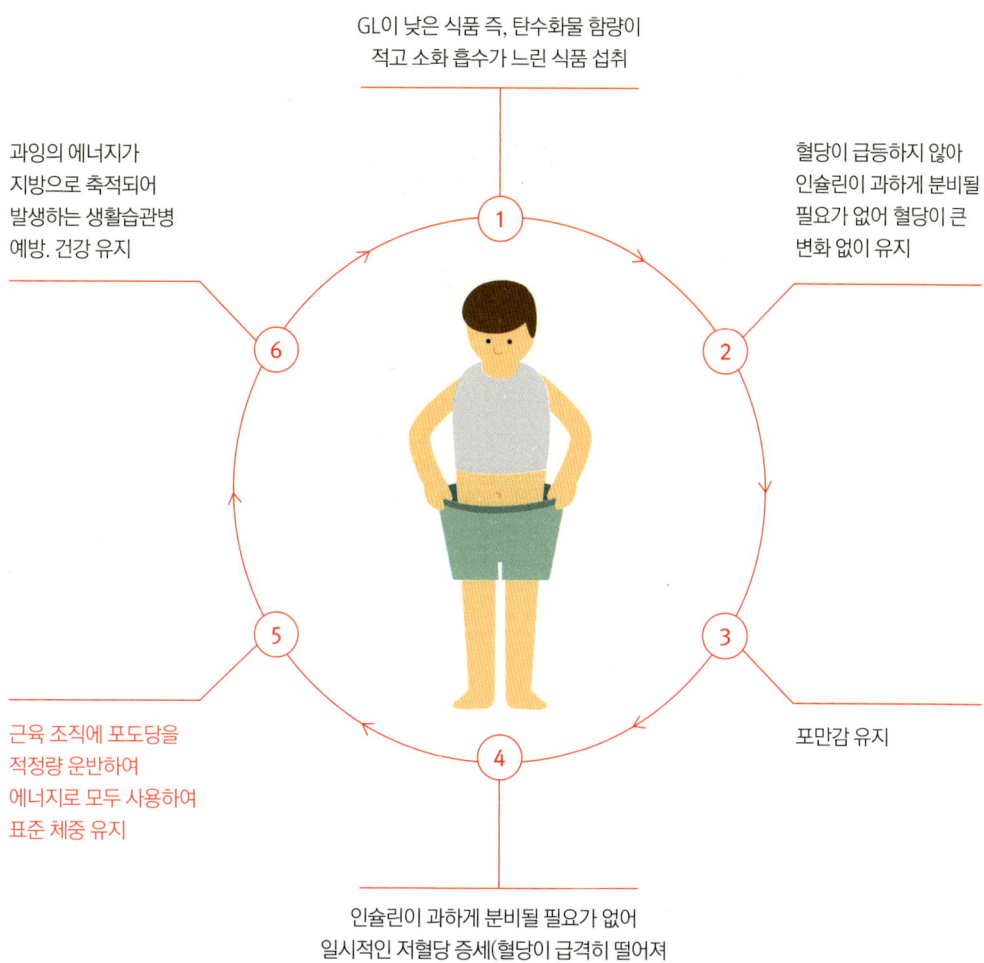

1. GL이 낮은 식품 즉, 탄수화물 함량이 적고 소화 흡수가 느린 식품 섭취
2. 혈당이 급등하지 않아 인슐린이 과하게 분비될 필요가 없어 혈당이 큰 변화 없이 유지
3. 포만감 유지
4. 인슐린이 과하게 분비될 필요가 없어 일시적인 저혈당 증세(혈당이 급격히 떨어져 생김)로 인한 식욕 촉진 현상도 없음
5. 근육 조직에 포도당을 적정량 운반하여 에너지로 모두 사용하여 표준 체중 유지
6. 과잉의 에너지가 지방으로 축적되어 발생하는 생활습관병 예방. 건강 유지

PART 3

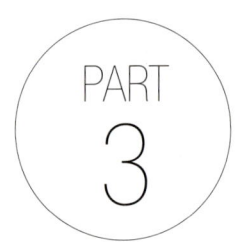

Low GL 식사법의 이해

Low GL 식사로
요요가 없고
실천이 쉬운 뱃살 빼기에
도전하세요!

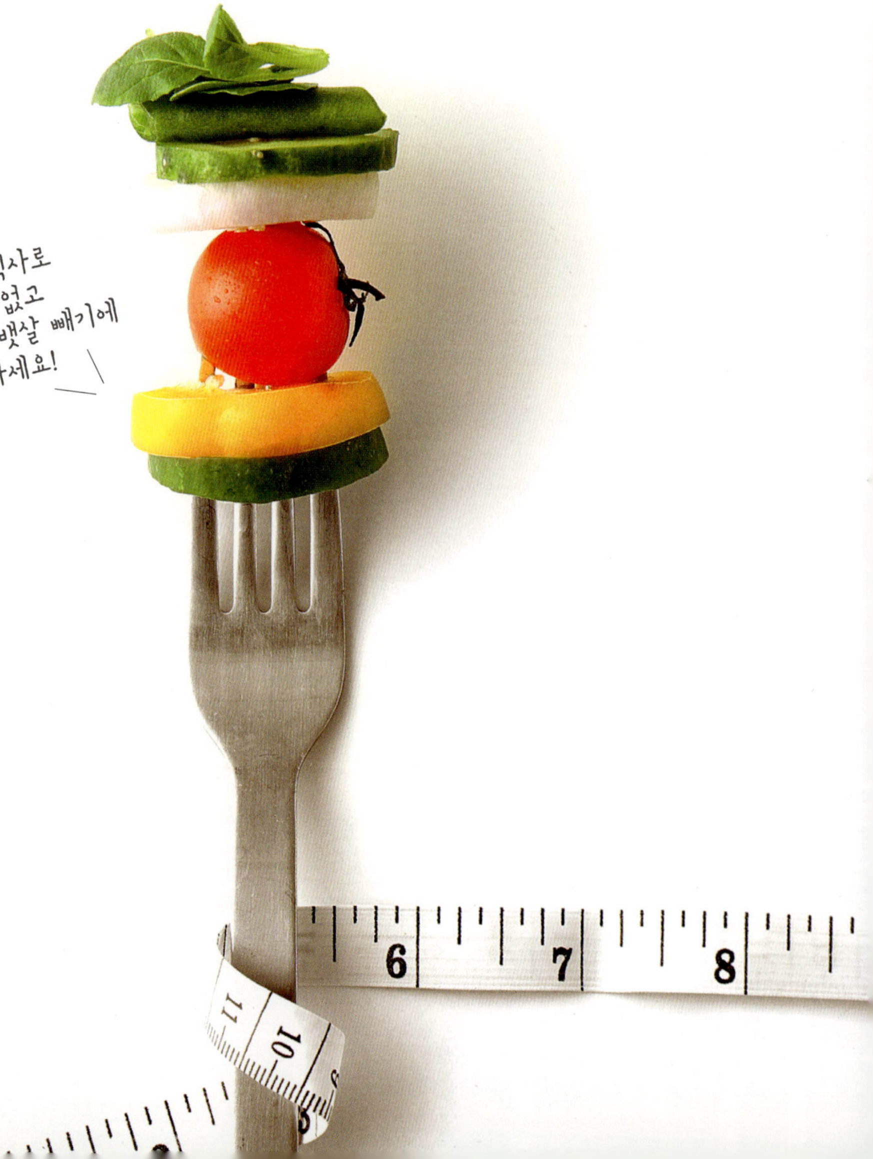

지금부터 실천해요! Low GL 식사 습관

―― 1 ――

정제된 탄수화물을 줄이고 통곡식으로
양질의 탄수화물을 적당량 섭취하자

―― 2 ――

콩이나 생선, 달걀, 지방 함량이 적은 살코기 등 포화지방이 적은 단백질 식품으로
충분한 단백질을 공급하자

―― 3 ――

각종 비타민과 무기질, 식이섬유 등을 함유하고 있는
채소를 많이 섭취하자

―― 4 ――

견과류 및 식물성유지로
필수지방산, 불포화지방을 보충하자

재료 및 양념 선택은?

기본적으로 GL은 섭취하는 음식의 탄수화물 함량 및 종류에 따라 달라져요. 당류, 전분, 백미, 밀가루 등의 정제된 탄수화물 식품은 피하고 양념류에도 GL이 높은 것이 많으므로 주의하세요.

조리 방법은?

식재료가 같아도 조리 방법에 따라 혈당을 올리는 정도가 달라져요. 고온에서 조리한 음식은 소화가 더 쉽게 되므로 당 흡수도 빨라진답니다. Low GL 식사를 위해서 조리 방법에도 신경 쓰세요.

식사 구성은?

Low GL 식사를 하려면 탄수화물 섭취량을 줄이는 것이 중요하지요. 그런데, 탄수화물만 줄이면 지방 섭취량이 많아지기 쉬워요. 탄수화물, 단백질, 지방의 영양 균형을 맞춘 식사를 구성하세요.

Low GL 방해 요소!

탄수화물 섭취 욕구를 촉진하는 짠 음식, 국물 요리와 같이 Low GL 식사를 방해하는 요소가 있어요. 평소 식습관뿐만 아니라 외식이나 술자리에서도 이런 방해 요소를 주의하세요.

PART 3 • Low GL 식사법의 이해

통곡식
도정하지 않은 통곡식(현미, 통밀, 보리 등)을 이용해요.

전분이 적은 채소(엽채류, 오이 등)
식이섬유가 풍부한 채소는 혈당 상승을 억제하므로 충분히 드세요.

식이섬유가 풍부한 과일
과일은 의외로 탄수화물 함량이 높아요. 1회 분량 정도 섭취하세요.

초 음료(유기산이 함유된 식품)
혈당 상승률이 낮지만, 시판 제품은 당 함유량을 꼭 확인하세요.

Low GL 식사, 이런 식재료를 권장해요

채소와 식물성 단백질 식품, 불포화지방 등 GL을 낮추는 식품을 드세요. 유사한 특징을 가진 식품군 내에서도 GI(혈당 지수)가 낮은 식품이 좋아요.

지방이 적은 단백질 식품
살코기나 생선, 닭고기, 달걀 등의 고단백 식품은 GL이 낮아요.

콩, 낫또, 두부, 두유 등
단백질이 많고 적당량의 불포화지방과 식이섬유를 함유하고 있어 좋아요.

올리고당(다른 당을 첨가하지 않은)
소화 흡수가 안 되어 GL이 낮아요. 단맛을 더할 때 소량만 넣으세요.

적당량의 땅콩, 호두, 아몬드 등의 견과류, 식물성 불포화지방
GL을 낮추는 데 도움이 돼요.

백미, 찹쌀, 크래커 등
정제된 탄수화물 식품은
GL이 높으니 되도록 피하세요.

전분이 많은 채소(연근, 도라지 등)
뿌리채소처럼 전분이 많은 채소는
엽채류에 비해 GL이 높은 편이에요.

당 함량이 높고 수분이 적은 과일
GL이 높아 혈당을 빠르게 올리는
달고, 수분이 적은 과일은 주의해요.

가당 과일 주스, 탄산음료 등
당 절임한 말린 과일, 가당 음료,
탄산음료는 GL이 높아요.

Low GL 식사,
이런 식재료는
주의해요

소화·흡수가 빠른 정제된 식품,
전분 성분이 많은 식품, 당 성분과
포화지방 함량이 높은 식품과 양념은
주의해서 사용하세요.

지방 함량이 높은 육류, 가공육 등
포화지방 함유량이 많아
Low GL 식사에서 권장하지 않아요.

전분이 많은 두류(완두, 녹두, 팥 등)
두류도 종류에 따라 전분 함량이
높은 것이 있으니 주의하세요.

단순 당(설탕)
먹으면 바로 소화·흡수되어 혈당을
올리므로 사용을 최소화하세요.

버터, 생크림 등 동물성 지방
포화지방 함유량이 많아
Low GL 식사에서 권장하지 않아요.

GL 낮추는 조리법을 사용해요

식재료가 같아도 조리 방법에 따라 혈당을 올리는 정도가 다르답니다.
다음의 방법처럼 소화·흡수가 천천히 될 수 있도록 조리하는 것이 좋아요.

1
식물의 껍질은 식이섬유가 많아
소화를 지연시키므로 껍질째 먹을 수 있는
재료는 되도록 껍질과 함께 조리하세요.

2
재료는 크게 썰어요. 많이 씹으면
식사 시간을 늘리고, 혈당을 천천히 올려
GL을 낮출 수 있답니다.

3
날것이나 덜 익힌 음식이 푹 익힌 음식보다
소화·흡수가 더뎌 혈당을 천천히 올리죠.
채소는 되도록 너무 익히지 않는 것이 좋아요.

4
지방은 탄수화물의 소화·흡수를 지연시켜
혈당의 급격한 상승을 억제해요. 삶기 등의
조리법보다 적당량의 기름을 사용한 볶기,
굽기 등의 조리법을 쓰면 GL을 낮출 수 있어요.

GL 높이는 조리법은 피해요

소화·흡수를 용이하게 해 혈당을 쉽게 올리는 조리법과
지방 섭취량을 과도하게 늘리는 튀김 같은 조리법은 피하세요.

1
죽과 같이 식품 입자를 작게 하며
무르게 익히는 조리법은 소화가 쉬워
혈당을 급속히 올리니 피하세요.

2
재료를 너무 작게 갈거나 다지면 소화·
흡수가 잘 되고, 혈당을 더 쉽게 올려
Low GL 조리법으로 적합하지 않아요.

3
열을 가하여 익히면 소화·흡수가 쉬워져
혈당이 더 빨리 올라가요. 푹 삶거나 오래 끓이는
조리법으로 식품 구조가 변하면
소화되기 쉬워져 GL을 높일 수 있답니다.

4
기름에 튀기는 조리법은 지방 섭취량이
과도하게 많아질 수 있어요.
지방 산화물이나 나쁜 지방을 함유하므로
피하는 것이 좋아요.

탄수화물·단백질·지방의 균형이 중요해요

전체 식사에서 탄수화물 함량을 줄이는 것이 우선이에요. 정제된 곡류는 통곡식으로 바꾸고, 정제된 당도 줄이세요. 식이섬유 섭취를 늘리고, 천천히 소화 흡수되도록 전분이 적은 채소(엽채류, 잎채소)를 충분히 활용하는 것이 좋습니다. 단, 샐러드로 채소를 섭취할 때 드레싱을 잘 골라야 해요. 시판 샐러드 드레싱은 당분 함량이 높은 것이 많으니 영양 정보를 꼼꼼히 확인하고 선택하세요. 과일을 갈아서 만들었거나 당을 함유하지 않은 요구르트 드레싱이 좋아요.

지방 25%

Low GL 식사를 구성하다 보면 일반적인 식사에 비해 상대적으로 지방 비율이 높아지는 경우가 있어 주의해야 해요. 그런데 어떤 지방을 섭취하느냐가 더 중요합니다. 삼겹살과 같은 고지방 육류, 버터나 크림은 포화지방이 많아 건강에 이롭지 않아요. 반면 올리브유, 들기름 등의 식물성 기름이나 견과류는 불포화지방과 필수지방을 공급할 수 있어 좋은 지방이에요. 이런 지방은 적절히 먹으면 문제되지 않습니다.

탄수화물 50%

단백질 25%

GL이 낮은 편에 속해요. 탄수화물을 줄이면서 단백질을 동일하게 섭취하거나 더 적게 섭취하면 상대적으로 지방의 양이 많아질 수 있으므로 단백질 식품을 풍부하게 섭취하는 것이 중요합니다.
그러나 동물성 단백질은 삼겹살처럼 지방 함량이 높을 수 있으니 단백질 식품을 고를 때는 지방, 특히 포화지방 함량을 살펴보세요. 지방이 적은 살코기, 불포화지방이 많은 생선, 콩 등으로 만든 식품을 선택하세요.

> **note**
>
> | 샐러드 브로콜리 숙회(채소) | |
> |---|---|
> | 보리밥 (통곡식) | 고등어 구이 (단백질) |
>
> **Low GL 상차림 예**
> 식사 구성을 보았을 때 1/2을 채소, 1/4을 통곡식, 1/4을 단백질 식품으로 구성하면 손쉽게 Low GL 식사를 차릴 수 있어요.

Low GL 식사를 방해하는 음식이 있다?!

당분이 많은 간식

초콜릿, 사탕 등은 누구나 당분이 많다고 알고 있지만, 일반적으로 몸에 좋다고 생각하는 식품에도 숨은 당분이 많다는 사실! 그 대표적인 예가 바로 과일과 마시는 요구르트예요. 과일도 상당량의 당분이 함유되어 있답니다. 대부분 흡수가 빠른 과당 또는 포도당으로, 많이 먹으면 하루 섭취 열량과 GL이 높아져요. 마시는 요구르트도 발효 식품 특유의 시고 떫은맛을 줄이기 위해 설탕이나 꿀, 과즙 등의 당을 첨가하기 때문에 당분이 많아 주의가 필요해요.

짠 음식

간장게장, 젓갈, 잘 익은 김치 등은 대표적인 '밥 도둑' 반찬이지요. 그런데 대부분 염분이 많아요.
짠 음식이나 반찬은 식욕을 돋우고, 탄수화물(밥)을 많이 먹게 하죠.
따라서 Low GL 식사를 제대로 하려면 저염 식사를 통해 탄수화물 섭취량과 함께 나트륨 섭취량도 줄여야 해요.

국물 음식

대부분의 Low GL 식사는 오래 씹을 수 있는 것이 특징입니다. 그런데 국과 함께 먹으면 음식을 씹지 않고 넘기게 되므로 Low GL 식사를 방해하지요. 잘 씹지 않고 넘기는 식사는 식사 시간을 단축시키고, 만복감을 느낄 시간을 확보하기 어려워 과식, 폭식으로 이어지기 쉬워요. 또한 국물은 아무리 저염으로 만들었다 하더라도 액체 형태라서 섭취하는 양 자체가 많아 생각보다 나트륨을 많이 먹게 된답니다.
국이 꼭 필요하다면 작은 그릇에 건더기 위주로 담아 적은 양을 드세요.

커피와 음료

2012년 식약처에서 발표한 자료에 의하면, 한국인의 첨가 당 섭취 주 급원이 커피와 음료라고 해요. 또한 소비자원에서 발표한 자료에 따르면 커피믹스 1봉지에 평균 5.7g의 당이, 커피 전문점에서 판매하는 커피 중에는 당 함량이 14~20g인 것도 있다고 합니다. 스무디나 음료 또한 약 30g 이상의 단순 당(설탕)이 들어 있어요. 별 생각 없이 마시는 커피나 음료도 GL이 높다는 사실을 기억하세요!

부록 • 뱃살 잡는 생활 습관

Low GL 외식 및 음주 1

외식과 음주에도 규칙을 정하세요!

다양한 메뉴 중에서도 GL이 가장 낮은 메뉴를 선택하세요

탄수화물 함량이 높은 국수류(칼국수, 자장면, 파스타)와 별도의 반찬 없이 먹을 수 있는 한 그릇 요리는 피하세요.
외식 메뉴 중 샤부샤부를 가장 추천해요. 채소를 듬뿍 먹고 고기와 소량의 국수를 곁들여 먹어 영양 균형이 좋지요.

한식

한정식·백반을 먹되 잡곡밥을 반 공기만,
나물이나 생선구이처럼
GL이 낮은 반찬 위주로 드세요.

중식

팔보채와 같이 채소와 해산물 요리를
선택하세요. 추가로 자장면이나 볶음밥을
주문하지 마세요.

양식

파스타나 리소토보다는 스테이크를 고르고
사이드로는 빵 대신 샐러드를, 수프는 크림수프보다
토마토수프 등의 채소 수프를 곁들이세요.

일식

초밥은 밥을 뭉쳐 만들기 때문에 생각보다 많은
양의 밥을 먹게 돼요. 초밥보다는 생선회를 채소와
함께 먹는 것이 좋아요. 함께 나오는 절임류는
나트륨과 당 함량이 많으므로 적당량만 드세요.

이렇게 먹으면 GL을 더 낮출수 있어요

1 한 그릇 요리는 주문 시 덜 짜게 해달라고 요청하고
  먹기 전에 밥을 미리 덜어내는 것이 좋아요.

2 채소가 풍부한 비빔밥은 밥을 덜어내고,
  소량의 고추장을 넣어 비벼 드세요.

3 고기구이는 채소 쌈을 싸서 먹고,
  밥이나 냉면은 추가하지 마세요.

4 샐러드드레싱, 탕수육 소스와 같이 달고 전분을 넣어 만든
  소스는 음식에 붓지 말고 살짝 찍어 먹어요.

5 초밥을 먹을 때는 밥의 일부를 떼어 내고 먹어요.

6 디저트(수정과, 식혜, 케이크, 음료 등)는
  당분이 많으므로 되도록 먹지 마세요.

어쩔 수 없이 참석해야 하는 술자리! 이것만은 꼭 지키세요

술은 기본적으로 혈당을 높이지 않아 적당량은 섭취할 수 있어요. 다만, 탄수화물 함량이 높은 술은 피하세요.
(탄수화물 함량 : 맥주 〉 와인 〉 막걸리 〉 소주)
하지만! 술과 함께 먹는 안주류의 GL이 높을뿐만 아니라 술 자체가 건강에 좋지 않으니 되도록 자제하는 것이 좋겠죠?

1 맥주를 마실 때는 시판 맥주의 식품 성분표를 확인해 탄수화물 함량이 낮은 것을 고르세요.

2 칵테일, 샴페인 등은 알코올에 과즙이나 당분을 더해 만들기 때문에 섭취를 주의해야 해요.

3 술안주 겸 간단히 먹는 스낵도 심심풀이로 먹다보면 나도 모르게 섭취량이
  늘 수밖에 없어요. 음주 시 안주는 적게 먹고, 채소 위주로 선택하세요.

탄수화물 함량

맥주 〉 와인 〉 막걸리 〉 소주

부록 • 뱃살 잡는 생활 습관

뱃살 빼는 생활 요가 2
꾸준히 따라 하면 뱃살이 빠져요!

글 곽지혜(요가쿨라 원장, yogakula.co.kr)

복근을 강화하는 **보트 자세**

① **무릎 세워 앉기**
바닥에 앉아 두 무릎을 구부리고 두 다리를 모아 무릎을 세운다. 허리를 곧게 펴고, 시선은 정면을 바라본다.
두 손으로 무릎 뒤쪽을 감싸 잡는다.

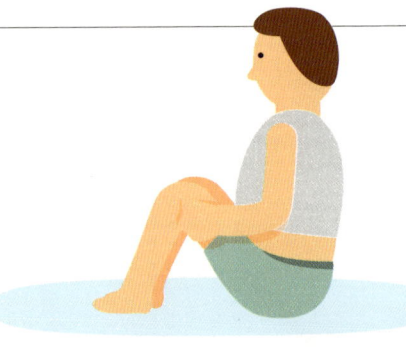

② **무릎 들어올려 유지하기**
두 발을 바닥에서 살짝 들어올리면서 중심을 잡는다. 복부의 힘을 유지하면서 무릎을 90℃로 들어올리고 유지한다.

③ **무릎 펴기**
두 무릎을 모두 펴고, 시선은 발끝을 바라본다. 두 다리를 모두 펴는 것이 힘들다면 ②번 동작을 유지한다. 이 상태를 유지하면서 깊은 호흡을 3~4회 반복한다. 천천히 두 무릎을 구부려 발을 바닥에 내리고 휴식을 취한다.

다리를 잡고 있는 팔의 힘에 의지하지 마세요.

주의 사항
- 등을 곧게 펴고 있는 상태를 유지한다.
- 배를 등쪽으로 끌어당기는 힘을 유지한다.

그 밖의 효과
- 원활한 장 활동
- 몸의 중심 근육 강화

배를 납작하게 만드는 **돌핀 자세**

① **기어가는 자세 만들기**
두 손과 두 무릎을 바닥에 대고 팔꿈치를 구부려서 엎드린다. 두 손은 깍지를 낀다. 가슴이 어깨 아래로 무너지지 않게 팔뚝으로 바닥을 밀며 가슴을 들어올린다.

② **골반 들어올리기**
양쪽 발뒤꿈치를 세워 발가락으로 바닥을 딛는다. 무릎을 펴고 골반이 천장으로 향하게 들어올린 후 두 발을 한걸음 뒤로한다.

③ **몸을 일직선으로 만들어 버티기**
숨을 깊게 들이마시고 내쉬면서 상체를 앞으로 밀어내 머리끝부터 발끝까지 일직선이 되도록 복부에 단단히 힘을 준다. 숨을 들이마시면서 다시 ②번 단계와 같이 골반이 천장으로 향하게 들어 올린다. 숨을 내쉬면서 몸통을 앞으로 밀어 몸이 일직선이 되도록 한다. 이 과정을 3~4회 반복한 후 무릎과 발등을 바닥에 내린다. 엉덩이를 발뒤꿈치에 두고 이마를 바닥 쪽으로 내려서 몸을 웅크리고 잠시 휴식을 취한다.

골반을 너무 들어 올리지 마세요.

주의 사항

- 어깨가 무너지지 않도록 팔꿈치로 바닥을 강하게 밀어 가슴을 들어올린다.
- 팔꿈치가 어깨너비보다 벌어지지 않도록 한다.
- 복부가 아래로 쳐지지 않도록 골반과 복부에 강하게 힘을 준다.

그 밖의 효과

- 어깨 강화
- 전신 근력 발달

부록 • 뱃살 잡는 생활 습관

복부에 탄력을 주는 **타이거 자세**

① **골반 들어올리기**
두 손과 두 무릎을 바닥에 대고 기어가는 자세를 만든다. 발뒤꿈치를 세워서 발바닥으로 바닥을 짚는다. 무릎을 펴고 골반을 천정 쪽으로 들어올린다. 시선은 두 발 사이를 바라본다. 척추를 기지개 켜듯이 길게 늘리고, 체중을 발뒤꿈치 쪽으로 밀어준다.

손바닥으로 바닥을 강하게 밀어 상체를 안정감 있게 유지한다.

② **다리 뻗어 올리기**
숨을 들이마시면서 오른쪽 다리를 뒤로 뻗어 올린다.

③ **무릎 구부려 끌어당기기**
숨을 내쉬면서 오른쪽 무릎을 구부려 무릎과 이마가 가까워지도록 한다. 복부는 등쪽으로 깊숙이 끌어당겨 수축시킨다. ②번 자세와 ③번 자세를 연결하여 3~4회 반복한다. 오른쪽 다리를 바닥에 내려놓고 반대쪽도 똑같이 반복한다.

주의 사항
- ①번 자세에서 무릎을 펼 때 통증이 있다면 무릎을 살짝 구부린다.
- 손목에 통증이 있으면 무리하지 않는다.
- 고혈압이 있는 사람은 머리를 오래 숙이지 않는다.

그 밖의 효과
- 소화력 향상
- 척추 건강에 도움

옆구리 근육을 강화하는 **판자 자세**

① 상체 세워 비스듬히 눕기
오른쪽 옆으로 비스듬히 누워서 오른쪽 팔꿈치와 손바닥으로 바닥을 짚는다. 왼쪽 손바닥으로 몸통 앞 쪽 바닥을 짚고 중심을 잡는다. 두 발은 모은다.

② 무릎 구부리기
머리끝부터 발끝까지 일직선에 놓이도록 한다. 왼쪽 다리를 구부려 오른쪽 무릎 앞쪽 바닥을 짚는다.

③ 골반 들어올리기
복부를 납작하게 조이면서 왼쪽 골반을 천장으로 향하게 들어올린다. 왼손으로 허리를 잡고 엉덩이가 뒤로 빠지지 않도록 균형을 잡는다. 이 상태를 유지하면서 깊은 호흡을 3~4회 반복한다. 천천히 골반을 내리며 ①번 자세로 돌아온다. 반대쪽도 똑같이 반복한다.

어깨가 무너지지 않도록 팔꿈치로 바닥을 강하게 밀어내세요.

주의 사항
- 배가 앞으로 나오거나 엉덩이가 뒤로 빠지지 않도록 몸통을 편평하게 유지한다.
- 몸의 중심을 잡는 어깨 쪽에 통증이 있다면 무리하지 않는다.

그 밖의 효과
- 어깨 강화
- 몸의 중심 근육 강화

GL이란?

: Glycemic Load
식품 섭취 후 혈당 부하(변화)
정도를 수치로 표시한 것.
낮을수록 탄수화물이 천천히
소화, 흡수되고 혈당을 적게 올려
식욕 조절과 다이어트에
도움이 된다.

> 레시피편

그대로 따라 하면 뱃살이 빠지는
Low GL 다이어트 요리 95가지

탄수화물이 왜 뱃살을 찌우는지,
어떻게 탄수화물을 똑똑하게 섭취할 수 있는지,
잘 읽어보셨나요? 이제, 잊어버리세요!
과학적인 분석을 토대로 고민 없이 따라 하면 뱃살을 뺄 수 있는
① 20 eGL 이하 ② 탄수화물 약 50g 이하 ③ 열량 500Kcal 이하의
맛있는 요리 95가지를 개발해 모두 담았습니다.
Low GL 식사를 방해하는 나트륨과 열량을 높이는 과도한 지방은 낮추고
꾸준히 뱃살 다이어트를 할 수 있도록 만들었어요.

뱃살 잡는 Low GL 다이어트 요리를 하루 세 끼, 일주일만 따라 해보세요.
확실히 가벼워진 몸을 느끼실 수 있을 거예요!

기본 레슨 • 뱃살 빼는 요리 만들기

Cooking 기본 가이드

이 책의 레시피는 쉽고 간단해요. 기본 요령만 알면 누구나 따라 할 수 있지요.
또한 레시피 검증을 통해 언제 어디서 조리해도 똑같은 맛을 낼 수 있도록 불 세기, 분량, 조리 시간 등을
자세히 적었답니다. 되도록 계량 도구를 사용해 정확히 계량하고 조리법을 따르세요.

불 세기 조절하기

일반적으로 가장 많이 사용하는 가스레인지를 기준으로
불꽃과 냄비(팬) 바닥 사이의 간격으로 불 세기를 조절하세요.

- **센 불** 불꽃이 냄비 바닥까지 충분히 닿는 정도
- **중간 불** 불꽃과 냄비 바닥 사이에 0.5cm가량의 틈이 있는 정도
- **중약 불** 약한 불과 중간 불의 사이
- **약한 불** 불꽃과 냄비 바닥 사이에 1cm가량의 틈이 있는 정도

팬 달구기
팬을 중간 불로 달궈 손을 가까이 댔을 때
따뜻한 열기가 느껴지면 적당히 달궈진 것

계량하기

계량 도구에는 흔히 사용하는 계량 스푼과 계량컵이 있지요.
계량 스푼 대신 밥숟가락, 계량컵 대신 종이컵을 활용해도 좋아요.

계량 스푼 사용법
- 1큰술(15㎖) = 3작은술 = 밥숟가락 1과 1/2
- 1작은술(5㎖) = 밥 숟가락 1/2

계량컵 사용법
- 1컵(200㎖) = 종이컵 1컵

▲ 1큰술(액체류)
가득 담기

▲ 1큰술(가루류&장류)
가득 담아 윗면을 깎기

▲ 1컵(액체류)
가득 담기

▲ 1컵(가루류)
가득 담아 윗면을 깎기

▲ 1/2큰술(액체류)   ▲ 1과 1/2큰술(가루류)
가운데 선까지 담기   = 1큰술 + 1/2큰술

▲ 1컵(장류)
꾹꾹 담아 윗면을 깎기

▲ 1컵(알갱이류)
가득 담아 윗면을 깎기

손대중으로 재료 계량하기

전자 저울이 없어도 한 줌, 한 장 등, 손대중으로 재료를 계량할 수 있도록 소개했어요. 아래 사진과 같이 계량해서 사용하세요.

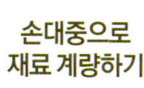
▲ 소금 약간

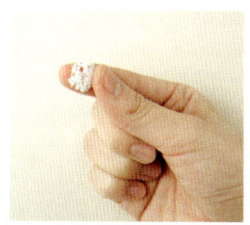
▲ 후춧가루 약간
(가볍게 2회 정도 턴 분량)

▲ 부추 1줌(50g)

▲ 시금치 1줌(50g)

▲ 참나물 1줌(50g)

▲ 느타리, 애느타리,
백만송이버섯 1줌(50g)

▲ 브로콜리 1개(200g)

▲ 양배추 1장
(손바닥 크기, 30g)

▲ 알배기배춧잎 1장
(손바닥 크기, 30g)

▲ 숙주, 콩나물 1줌(50g)

▲ 어린잎 채소 1줌(20g)

▲ 마른 실미역 1줌(5g)

▲ 통밀 스파게티,
건 메밀면 2/3줌(40g)

▲ 실곤약 1컵(120g)

▲ 배추김치 1컵(150g)

▲ 황태 채 1컵(20g)

기본 레슨 • 뱃살 빼는 요리 만들기

Low GL 식사에 활용하는 밥, 국, 드레싱

Low GL 식사를 위한 첫 걸음! GL이 낮은 통곡식 밥 짓기와 모든 메뉴에 곁들이기 좋은
저염, 저열량 Low GL 기본 국 및 샐러드드레싱을 소개합니다.

현미밥
27 eGL(140g 기준)

보리밥
25 eGL(140g 기준)

귀리밥
18 eGL(140g 기준)

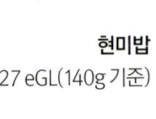

GL이 낮은
통곡식 밥 3종

현미·보리·귀리밥 짓기

통곡식은 거친 식감을 부드럽게 하기 위해
물에 충분히 불린 후 조리하는 것이 좋아요.
통곡식으로 만든 밥이 처음이라면 찰현미,
찰보리를 약간 섞어 짓다가 점차 줄여가세요.

1. 볼에 현미(또는 보리, 귀리)를 넣은 뒤
   물을 붓고 헹궈 가볍게 씻는다. 잠길 만큼의 찬물을
   붓고 1~2시간 동안 불린 후 체에 밭쳐 물기를 뺀다.
2. 전기 압력밥솥에 현미(또는 보리, 또는 귀리)를 넣고
   1.1배의 물을 붓는다.
3. '잡곡' 모드를 선택하고 취사 버튼을 누른다.

* 또는 4인분 기준으로(통곡식 180g, 완성량 240g)
전자레인지(700W)에 넣어 15~20분 정도 익힌다.

현미·보리·귀리밥 냉동 & 해동하기

냉동하기
갓 지은 현미·보리·귀리밥을
60g씩 위생팩에 넣어
한 김 식힌 후 냉동한다.

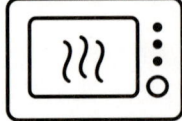

해동하기
위생팩에서 꺼낸 현미밥을
내열 용기에 옮겨 담아
전자레인지(700W)에서 2분간
해동한다. * 2인분(120g) 3분,
4인분(240g) 5분~6분

* 이 책 속 레시피의 현미밥은 갓 지은 현미밥
혹은 해동한 현미밥 기준입니다. GL을 더 낮추고 싶다면
보리밥이나 귀리밥으로 대체해도 좋아요.

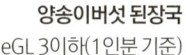

모든 메뉴에
곁들이기 좋은
기본 국 4종

앞서 이론편에서 소개했듯이 국은 Low GL 식사를 방해하는
요소이므로 되도록 건더기 위주로 소량만 드시는 것이 좋아요.

양송이버섯 된장국
eGL 3이하(1인분 기준)

매콤한 황태 애호박국
3 eGL(1인분 기준)

양송이버섯 된장국

재료 및 분량(4인분 기준)
양송이버섯 4개(80g), 두부 작은 팩 1/2모(찌개용, 105g),
대파(흰 부분) 10cm, 된장 1큰술, 다진 마늘 1/2작은술,
국간장 1작은술(기호에 따라 가감)
국물
말린 표고버섯 2개(6g), 다시마 5×5cm 2장,
통 후추 1/2작은술(약 10알), 물 4컵(800㎖)

1. 냄비에 국물 재료를 넣고 센 불로 끓어오르면 중약 불로 줄여 5분간 끓인다. 다시마를 건져내고 10분간 끓인 후 체에 거른다.
2. 양송이버섯은 기둥을 제거해 0.5cm 두께로 썰고 두부는 사방 1.5cm 크기로 썬다. 대파는 송송 썬다.
3. 냄비에 ①의 국물, 된장, 다진 마늘을 넣어 풀고 센 불에서 끓어오르면 중약 불로 줄여 2분간 끓인다.
4. 양송이버섯, 두부, 대파, 국간장을 넣고 중약 불에서 4분간 끓인다.

매콤한 황태 애호박국

재료 및 분량(4인분 기준)
황태채 1컵(20g), 애호박 1/4개(70g), 청양고추 1개, 다시마
5×5cm 2장, 국간장 2작은술, 황태채 적신 물 4컵(800㎖)
밑간
고춧가루 1작은술, 다진 마늘 1작은술, 참기름 1작은술

1. 황태채는 가위를 이용해 4cm 길이로 자른다. 볼에 미지근한 물(4컵)을 붓고 황태채를 넣어 적신 후 물기를 꼭 짠다. 이때 황태채 적신 물은 버리지 않는다.
2. 볼에 밑간 재료와 황태채를 넣어 버무린다.
3. 달군 냄비에 ②를 넣어 약한 불에서 1분 30초간 볶는다. 황태채 적신 물(4컵)과 다시마를 넣고 센 불에서 끓어오르면 약한 불로 줄여 5분간 끓인 후 다시마를 건져내고 10분간 더 끓인다.
4. 애호박은 0.5cm 두께로 썰어 열십(+)자로 썬다. 청양고추는 송송 썬다.
5. 애호박, 청양고추, 국간장을 넣고 끓어오르면 5분간 더 끓인다.

기본 레슨 • 뱃살 빼는 요리 만들기

> 모든 메뉴에 곁들이기 좋은
> **기본 국 4종**

들깨 미역국
eGL 3이하(1인분 기준)

쪽파 달걀국
4 eGL(1인분 기준)

들깨 미역국

재료 및 분량(4인분 기준)

마른 실미역 1줌(5g), 들깻가루 1과 1/2큰술, 다진 마늘 1/2작은술, 국간장 1작은술, 물 5큰술+3과 1/2컵(700㎖), 소금 1/3작은술(기호에 따라 가감)

1. 볼에 마른 실미역과 찬물(3컵)을 담고 10분간 불린 후 바락바락 주물러 씻는다. 손으로 물기를 꼭 짠 후 1cm 폭으로 썬다.
2. 볼에 미역, 다진 마늘, 국간장을 넣고 조물조물 무친다.
3. 달군 냄비에 물(5큰술)과 ②를 넣어 중간 불에서 3분간 볶는다.
4. 물(3과 1/2컵)을 붓고 들깻가루를 넣어 센 불에서 끓어오르면 약한 불로 줄여 15분간 끓인다. 소금으로 간한다.

쪽파 달걀국

재료 및 분량(4인분 기준)

달걀 2개, 양파 1/4개(50g), 쪽파 2줄기(또는 대파 푸른 부분 10cm, 24g), 다진 마늘 1/3작은술, 국간장 1작은술(기호에 따라 가감), 소금 1/2작은술, 후춧가루 약간

국물
말린 표고버섯 2개(6g), 다시마 5×5cm 2장, 통 후추 1/2작은술(약 10알), 물 4컵(800㎖)

1. 냄비에 국물 재료를 넣고 센 불로 끓어오르면 중약 불로 줄여 5분간 끓인다. 다시마를 건져내고 10분간 끓인 후 체에 거른다.
2. 볼에 달걀을 푼다. 양파는 0.5cm 폭으로 채 썰고, 쪽파는 2cm 길이로 썬다.
3. 냄비에 ①의 국물, 다진 마늘, 양파를 넣고 센 불에서 끓어오르면 중간 불로 줄인다. 달걀물을 둘러가며 붓고 30초간 그대로 끓인다.
4. 쪽파, 국간장, 소금을 넣고 1분간 더 끓인 후 불을 끄고 후춧가루를 넣어 섞는다.

모든 메뉴에 곁들이기 좋은 기본 샐러드드레싱

샐러드드레싱을 집에서 직접 만들어 각종 샐러드 채소와 함께 Low GL 메뉴에 곁들이세요(어린잎 채소 2줌, 샐러드 채소 40g 분량).

오리엔탈드레싱 eGL 3이하
- 다진 마늘 1/2작은술
- + 양조간장 1과 1/2작은술
- + 식초 1작은술
- + 올리고당 약간
- + 올리브유 1작은술

레몬 오일드레싱 eGL 3이하

- 다진 양파 1큰술
- + 레몬즙 1/2큰술
- + 올리브유 1/2큰술
- + 소금 약간
- + 통후추 간 것 약간

요구르트드레싱 3 eGL

- 떠먹는 플레인 요구르트 1큰술
- + 레몬즙 1작은술
- + 올리고당 1작은술
- + 올리브유 1작은술

발사믹드레싱 4 eGL
- 발사믹 식초 1과 1/2작은술
- + 올리고당 1작은술
- + 올리브유 1작은술
- + 통후추 간 것 약간

레시피를 따라 하기 전에 꼭 읽어보세요!

이 책에는 따라 하면 뱃살 빠지는 다이어트 요리가 소개되어 있습니다.
더욱 효과적으로 뱃살을 뺄 수 있도록 먼저 이 책의 구성요소들을 확인하고 활용하세요!

메뉴의 영양정보가 한눈에
eGL과 탄수화물 함량, 열량을 표시했어요. 모든 메뉴는 20 eGL, 500Kcal 이하이며, 쌈밥, 덮밥 등 메뉴 종류별로 GL이 낮은 순서로 소개했으니 메뉴를 고를 때 참고하세요.

추천 밥
Low GL 밥 5종 중 영양적으로나 조리의 편의상 가장 잘 어울리는 밥을 추천했어요. 하지만 Low GL 밥 5종 중 원하는 밥으로 대체해도 좋습니다.

요리 소개 및 조리 포인트
GL을 낮춘 조리 포인트와 이 요리의 영양상 장점을 적었어요. 꼼꼼히 읽어보며 Low GL 식사법을 더욱 가까이 익히세요.

완성량
모든 레시피는 1인분 기준이에요. 완성 사진은 레시피와 동일하게 조리해 촬영했답니다. 완성량을 2~3배로 늘리고 싶다면 재료양을 늘리되 양념은 80%만 넣어 간을 맞추세요.

대체 재료와 활용 팁!
레시피의 활용도를 높이는 대체 재료 사용법이나 색다르게 즐기는 방법을 소개했어요. 한 가지 메뉴를 여러 가지로 변형해 더욱 다양하게 즐겨보세요.

이 책 속의 효능 아이콘

고단백 — **단백질**이 특히 풍부한 메뉴

저염 — **나트륨** 함량이 특히 적은 메뉴

혈관 건강 — **식이섬유**가 풍부하고 콜레스테롤 함량이 적거나 **오메가-3**가 풍부한 메뉴

대장 건강 — **식이섬유**가 특히 풍부한 메뉴

빈혈 예방 — **철분**이 특히 풍부한 메뉴

뼈 건강 — **칼슘** 또는 **비타민 D**가 특히 풍부한 메뉴

피로 해소 — **비타민 C**가 특히 풍부한 메뉴

노화 방지 — **비타민 E** 또는 **셀레늄**이 특히 풍부한 메뉴

책 속의 모든 메뉴는 한국영양 학회가 개발한 영양 분석 프로그램 CAN(Computer Aided Nutritional analysis program) 을 이용해 열량은 물론 각종 영양소를 분석했어요. 그 결과를 토대로 건강에 도움을 주는 영양소를 기준으로 기대되는 대표 효능들을 소개합니다. 하루 권장 섭취량의 30% 이상 함유한 경우에 한해 아이콘으로 표시했어요. ※ 저염은 WHO 권장 사항 기준

Low GL 밥

기존 쌀밥 한 공기(140g 기준)
30 eGL
↓
Low GL 밥(140g 기준)
평균 15 eGL

☑ 하루에 먹는 식품 중 탄수화물 함량이 가장 많은 밥의 GL을 낮춰 개발했어요.

☑ 백미보다 GL이 낮은 통곡식, 현미를 사용했어요.

☑ 통곡식은 백미보다 거칠어 오래 씹어야 하므로 소화·흡수가 천천히 되지요.

☑ 100% 곡식으로 밥을 만들지 않고 채소, 두부, 버섯 등을 듬뿍 넣어 GL을 확 낮췄어요.

☑ 현재 식단은 그대로 유지하되 밥만 Low GL 밥으로 바꿔보세요. 총 섭취 GL을 훨씬 낮출 수 있어 뱃살 다이어트에 효과적입니다.

Low GL 밥 5가지

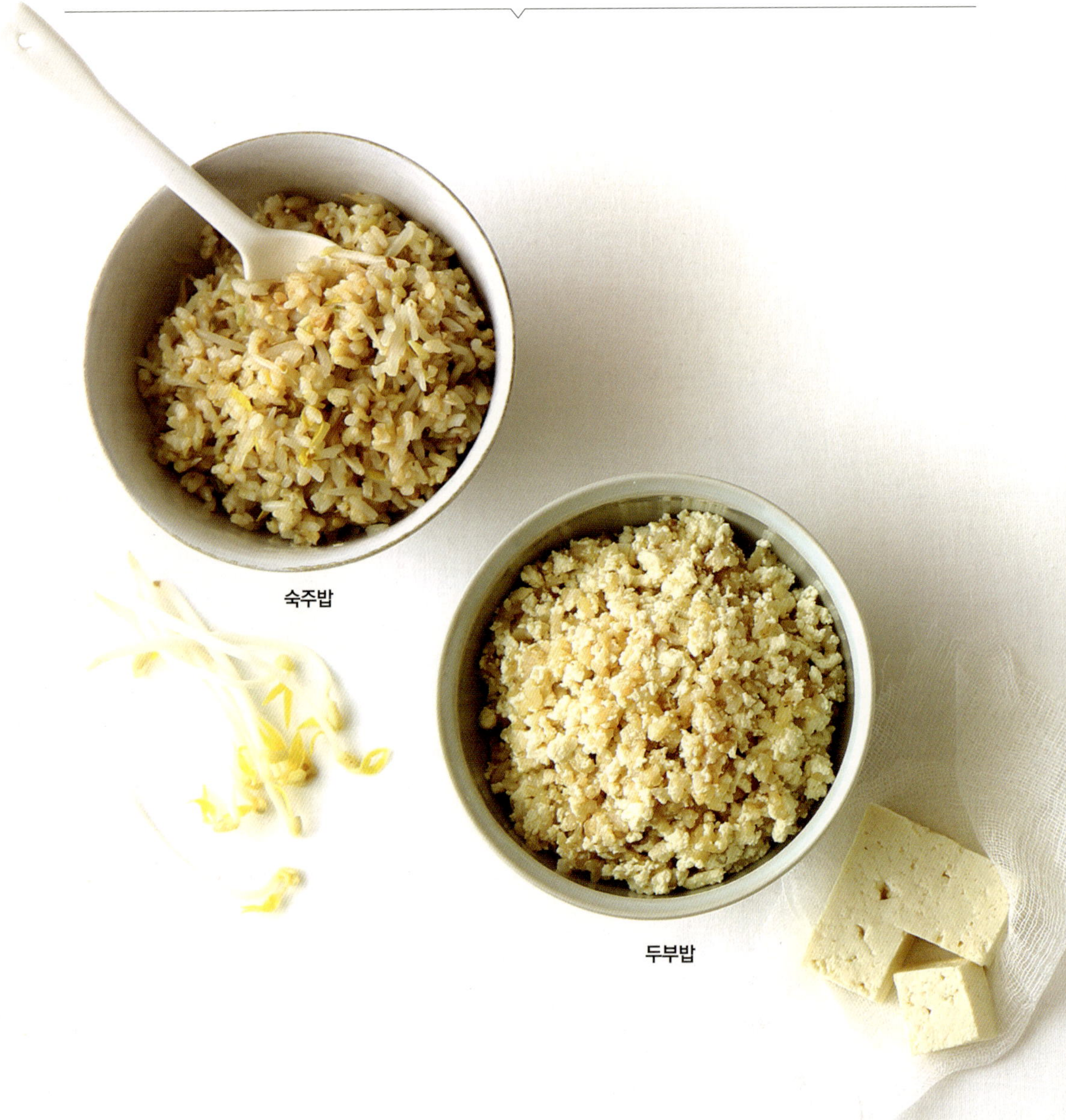

숙주밥

두부밥

	쌀밥	현미밥	Low GL 밥
1공기	210g	210g	약 140g
eGL	45	41	15
탄수화물	70g	69g	26g

쌀밥 > 현미밥 > Low GL 밥

GL이 낮을수록 천천히 소화, 흡수되고 혈당은 많이 올리지 않아 식욕 조절과 다이어트에 도움이 되어 살이 찌지 않아요.

양배추밥

새송이버섯밥

무밥

	숙주밥	두부밥	양배추밥	무밥	새송이버섯밥
1공기	140g	130g	130g	130g	130g
eGL	15	12	17	17	16

eGL	12
탄수화물 함량(g)	24
kcal	178

두부밥

1
두부와 현미만으로 만들어 담백하고 포만감이 커요.

2
단백질이 풍부한 두부를 섞어 탄수화물 함량을 줄였어요.

3
백미보다 혈당 지수가 낮은 현미를 사용해 GL을 낮췄어요.

🍚 총량 약 130g
🕐 5~10분

- 현미밥 60g
- 두부 작은 팩 1/2모 (부침용, 105g)
- 소금 약간

1 두부는 칼 옆면으로 으깬다.
2 두부를 면포로 감싸 물기를 꼭 짠다.
3 내열 용기에 현미밥, 두부, 소금을 넣어 골고루 섞는다.
4 뚜껑을 덮어 전자레인지(700W)에서 2분간 익힌다.

두부 1인분씩 냉동했다가 활용하기

- 두부를 칼 옆면으로 으깬 후 면포로 감싸 물기를 제거한다. 위생팩에 두부를 1인분씩 담고 소금 약간을 넣어 냉동한다. (2주간 보관 가능)
- 밥을 할 때는 내열 용기에 현미밥과 두부를 1인분씩 함께 담아 전자레인지(700W)에서 3~4분간 익힌 후 골고루 섞으면 된다.

숙주밥

eGL	15
탄수화물 함량(g)	24
kcal	101

1 숙주와 현미를 섞어 식감과 독특한 향이 좋은 Low GL 밥이에요.

2 수분과 식이섬유가 풍부한 숙주를 넣어 탄수화물 함량을 줄였어요.

3 백미보다 혈당 지수가 낮은 현미를 사용해 GL을 낮췄어요.

▽ **총량 약 140g**
🕒 5~10분

- 현미밥 60g
- 숙주 2줌
  (또는 콩나물, 100g)
- 소금 약간

1 숙주는 1cm 길이로 썬다.
2 내열 용기에 현미밥, 숙주, 소금을 넣어 골고루 섞는다.
3 뚜껑을 덮어 전자레인지(700W)에서 3분간 익힌다.

1

2

3

eGL	16
탄수화물 함량(g)	31
kcal	125

새송이버섯밥

1 새송이버섯의 향과 쫄깃한 식감을 살린 Low GL 밥이에요.

2 식이섬유가 풍부한 버섯을 현미와 섞어 GL을 낮췄어요.

3 백미보다 혈당 지수가 낮은 현미를 사용해 GL을 낮췄어요.

◯ 총량 약 130g
⏱ 5~10분

- 현미밥 60g
- 새송이버섯 1과 1/3개 (또는 양송이버섯·백만송이버섯·표고버섯·느타리버섯, 100g)
- 소금 약간

1. 새송이버섯은 사방 0.5cm 크기로 썬다.
2. 달군 팬에 새송이버섯, 소금을 넣어 센 불에서 1분간 볶는다.
3. 볼에 현미밥, ②의 새송이버섯을 넣어 골고루 섞는다.

새송이버섯 1인분씩 냉동했다가 활용하기

- 새송이버섯 5개 (4회 분량)를 사방 0.5cm 크기로 썬 후 달군 팬에 넣고 소금 약간을 넣어 3분간 볶는다. 한 김 식힌 후 위생팩 1/4 분량씩 담아 냉동한다. (2주간 보관 가능)

- 밥을 할 때는 내열 용기에 현미밥과 새송이버섯을 1인분씩 내열 용기에 함께 담아 전자레인지(700W)에서 2~3분간 익힌 후 골고루 섞으면 된다.

1

2

3

양배추밥

eGL	17
탄수화물 함량(g)	26
kcal	104

1 익히면 단맛이 강해지는 양배추로 만들어 감칠맛이 있는 Low GL 밥이에요.

2 수분과 식이섬유가 풍부한 양배추를 넣어 포만감이 커요.

3 백미보다 혈당 지수가 낮은 현미를 사용해 GL을 낮췄어요.

▽ **총량 약 130g**
⏱ 5~10분

- 현미밥 60g
- 양배추 2와 1/2장 (손바닥 크기, 또는 배춧잎, 봄동, 75g)
- 소금 약간
- 물 1큰술

1. 양배추는 0.5×0.5cm 크기로 썬다.
2. 작은 볼에 소금과 물을 넣어 섞는다.
3. 내열 용기에 현미밥, 양배추를 넣고 ②의 소금물을 골고루 뿌린다.
4. 뚜껑을 덮어 전자레인지(700W)에서 3분간 익힌다.

양배추 1인분씩 냉동했다가 활용하기

- 양배추는 사방 0.5cm 크기로 썬 후 위생팩에 1인분씩 담아 냉동한다. (2주간 보관 가능)
- 밥을 할 때는 내열 용기에 현미밥과 양배추를 1인분씩 내열 용기에 함께 담아 전자레인지(700W)에서 3~4분간 익힌 후 골고루 섞으면 된다.

eGL	17
탄수화물 함량(g)	26
kcal	104

무밥

1
수분 함량이 많은 무로 만들어 촉촉하고 부드러운 식감이 좋은 Low GL 밥이에요.

2
식이섬유와 수분이 풍부한 무를 넣어 포만감이 크고 열량도 낮아요.

3
백미보다 혈당 지수가 낮은 현미를 사용해 GL을 낮췄어요.

▽ 총량 약 130g
⏱ 5~10분

- 현미밥 60g
- 무 지름 10cm, 두께 0.8cm(80g)
- 소금 약간

1. 무는 사방 0.5cm 크기로 썬다.
2. 내열 용기에 현미밥, 무, 소금을 넣어 골고루 섞는다.
3. 뚜껑을 덮어 전자레인지(700W)에서 4분간 익힌다.

무 1인분씩 냉동해 활용하기

· 무는 사방 0.5cm 크기로 썬 후 위생팩에 1인분씩 담아 냉동한다.
(2주간 보관 가능)

· 밥을 할 때는 내열 용기에 현미밥과 무를 1인분씩 함께 담아 전자레인지(700W)에서 4~5분간 익힌 후 골고루 섞으면 된다.

1

2

3

속이 편해
아침밥으로 즐기기 좋은

**Low GL
달걀밥찜**

- ☑ 소량의 현미밥에 Low GL 식사에서 권장하는 고단백 식품, 달걀을 섞어 전자레인지에 찌는 메뉴예요.
- ☑ 각종 채소와 두부 등 다양한 식재료를 넣어 감칠맛과 포만감은 더하고 GL은 낮췄어요.
- ☑ 달걀을 넣어 부드럽고 촉촉해 위장 활동이 활발하지 않은 아침에 먹어도 부담이 없어요.
- ☑ 바쁜 아침 시간에 빨리 만들 수 있고 다른 반찬이 필요 없는 메뉴예요.
- ☑ 전날 준비해두고 아침에는 전자레인지에 익히기만 하면 더욱 편해요.

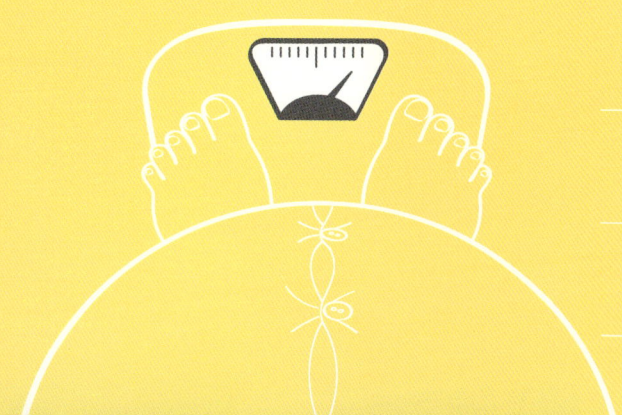

eGL	18
탄수화물 함량(g)	38
kcal	265

김치 달걀밥찜

1 식이섬유가 풍부한 김치로 포만감을 살리고 감칠맛과 아삭한 식감을 더했어요.

2 달걀로 단백질을 더하고 탄수화물의 양은 줄였지요.

🕐 15~20분

- 현미밥 80g
- 달걀 1개
- 배추김치 1/2컵(75g)
- 양파 1/8개(25g)
- 대파(흰 부분) 5cm
- 물 1/4컵(50㎖)
- 김칫국물 1큰술

양념
- 다진 마늘 1/3작은술
- 청주 1작은술
- 올리고당 1/3작은술
- 참기름 1작은술
- 소금 약간
- 고춧가루 약간

1 배추김치, 양파는 0.5×0.5㎝ 크기로 썰고, 대파는 송송 썬다. 볼에 배추김치, 양파, 대파, 양념 재료를 모두 넣어 조물조물 무친다.

2 달군 팬에 ①을 넣어 중약 불에서 3분간 볶는다.

3 내열 용기에 달걀을 넣어 가볍게 푼 후 ②와 물, 김칫국물, 현미밥을 넣고 골고루 섞는다.

4 내열 용기 뚜껑을 덮어 전자레인지(700W)에서 4~5분간 익힌다.

뼈 건강

노화 방지

연두부 버섯 달걀밥찜

eGL	18
탄수화물 함량(g)	39
kcal	299

1 부드러운 연두부와 쫄깃한 버섯으로 만들어 식감이 좋은 메뉴예요.

2 밥 대신 단백질이 풍부한 연두부와 식이섬유 함량이 높은 버섯을 듬뿍 넣어 GL을 낮추고 포만감을 살렸어요.

⏱ 15~20분

- 현미밥 80g
- 달걀 1개
- 연두부 1/2모(125g)
- 새송이버섯 2/3개(또는 양송이버섯 2와 1/2개·표고버섯 2개, 50g)
- 청양고추 1/2개 (기호에 따라 가감)
- 참기름 1/2작은술

양념
- 새우젓 국물 2작은술 (염도에 따라 가감)
- 청주 1작은술

1 새송이버섯은 사방 0.5cm 크기로 썰고, 청양고추는 송송 썬다.

2 내열 용기에 달걀을 넣어 가볍게 푼 후 양념 재료를 모두 넣고 골고루 섞는다.

3 ②의 내열 용기에 현미밥, 연두부, 새송이버섯, 청양고추를 넣고 연두부를 으깨가며 골고루 섞는다.

4 내열 용기 뚜껑을 덮어 전자레인지(700W)에서 4~5분간 익힌 후 참기름을 넣고 섞는다.

1

4

고단백 · 저염 · 뼈건강 · 노화방지

eGL	18
탄수화물 함량(g)	35
kcal	283

명란 달걀밥찜

1 저염 명란젓을 넣어 간을 맞추고 감칠맛을 더한 밥이에요.

2 저염 명란젓과 달걀을 넣어 단백질을 더했지요.

⏱ 15~20분

- 현미밥 80g
- 달걀 1개
- 저염 명란젓 1/2개(약 35g)
- 쪽파 5줄기(40g)
- 참기름 1작은술

양념
- 물 1/4컵(50㎖)
- 다진 마늘 1/3작은술
- 청주 1작은술
- 후춧가루 약간

1 명란젓은 0.5cm 두께로 썰고, 쪽파는 송송 썬다.

2 내열 용기에 달걀을 넣어 가볍게 푼 후 양념 재료를 모두 넣고 골고루 섞는다.

3 ②의 내열 용기에 현미밥, 명란젓, 쪽파를 넣어 골고루 섞는다.

4 내열 용기 뚜껑을 덮어 전자레인지(700W)에서 4~5분간 익힌 후 참기름을 넣고 섞는다.

 고단백

 뼈 건강

 노화 방지

양배추 달걀밥찜

eGL	19
탄수화물 함량(g)	36
kcal	249

1 식이섬유가 풍부한 양배추로 만들어 포만감이 커요.

2 소량의 현미밥에 양배추와 달걀을 넣어 만들어 GL을 낮췄어요.

⏱ 15~20분

- 현미밥 80g
- 달걀 1개
- 양배추 2장 (손바닥 크기, 60g)
- 당근 1/20개(10g)

양념
- 물 1/4컵(50㎖)
- 청주 1작은술
- 양조간장 2작은술
- 참기름 1작은술

1 양배추는 0.5×0.5cm 크기로 썰고, 당근은 사방 0.5cm 크기로 썬다.

2 내열 용기에 달걀을 넣어 가볍게 푼 후 양념 재료를 모두 넣고 골고루 섞는다.

3 ②의 내열 용기에 현미밥, 양배추, 당근을 넣어 골고루 섞는다.

4 내열 용기 뚜껑을 덮어 전자레인지(700W)에서 4~5분간 익힌다.

 저염

 뼈 건강

 노화 방지

eGL	19
탄수화물 함량(g)	36
kcal	235

토마토 달걀밥찜

1
감칠맛이 있는 토마토를 넣어 간을 많이 하지 않아도 돼 나트륨 섭취량을 줄였어요.

2
식이섬유가 풍부한 토마토를 넣어 탄수화물 소화, 흡수를 늦췄어요.

3
수분이 풍부한 토마토와 단백질이 풍부한 달걀로 만들어 포만감이 커요.

⏱ 15~20분

- 현미밥 80g
- 달걀 1개
- 방울토마토 5개
  (또는 토마토 1/2개, 75g)
- 쪽파 1줄기(8g)
- 물 1/3컵(70㎖)
- 소금 약간
- 후춧가루 약간

양념장
- 생수 2큰술
- 통깨 1작은술
- 고춧가루 1/4작은술
- 다진 마늘 1/4작은술
- 양조간장 2작은술

1 방울토마토는 4등분하고, 쪽파는 송송 썬다.

2 내열 용기에 달걀을 넣어 가볍게 푼 후 물을 넣고 골고루 섞는다. 다른 작은 볼에 양념장 재료를 모두 넣어 섞는다.

3 ②의 내열 용기에 현미밥, 방울토마토, 소금, 후춧가루를 넣어 골고루 섞는다.

4 내열 용기 뚜껑을 덮어 전자레인지(700W)에서 4~5분간 익힌 후 쪽파를 올린다. ②의 양념장을 곁들인다.

뼈 건강

노화 방지

Low GL 쌈밥

- ✓ Low GL 밥과 고단백질 반찬을 각종 쌈 채소와 함께 먹는 메뉴예요.
- ✓ 쌈 채소를 푸짐하게 섭취하면 GL을 낮추고 배변활동은 원활해져 다이어트에 효과적이지요.
- ✓ 든든하면서도 포만감을 오래 유지해주어 야식이 생각나지 않으므로 저녁 식사로 강력 추천합니다.
- ✓ 고단백질 반찬은 쌈 채소 없이 반찬으로 즐겨도 좋아요. 한 그릇 식사가 익숙하지 않은 분이 실천하기 수월한 메뉴들이랍니다.

eGL	5
탄수화물 함량(g)	40
kcal	464

씨앗 강된장 두부쌈밥

1
식이섬유가 풍부한 쌈 채소를 곁들여 포만감은 높이고 GL은 낮췄어요.

2
단백질이 풍부한 두부를 사용해 GL을 낮추고 담백함을 더했어요.

3
강된장에 씨앗을 넣어 나트륨 섭취를 낮추고 오래 씹을 수 있게 만들었어요.

- 고단백
- 혈관 건강
- 대장 건강
- 뼈 건강

밥을 먹으면서 실천하는
Low GL **쌈밥**

🍚 추천 밥 : 두부밥
⏱ 30~35분

- 두부밥 1공기(130g)
- 쌈 채소 50g
- 씨앗 2큰술(해바라기씨·호박씨·다진 호두 등, 20g)
- 두부 큰 팩 1/3모(부침용, 100g)
- 애호박 1/9개(30g)
- 새송이버섯 1/3개(30g)
- 양파 1/8개(25g)
- 식용유 1작은술

양념
- 뜨거운 물 1/2컵(100㎖)
- 다시마 5×5cm
- 다진 마늘 1/2작은술
- 된장 2작은술
- 고추장 1/2작은술

1

냄비에 두부 데칠 물(4컵)을 끓인다. 뜨거운 물에 다시마를 넣어 10분간 우린 후 다시마를 건지고 나머지 양념 재료를 넣어 섞는다.

2

①의 끓는 물에 두부를 넣어 5분간 데친다. 두부를 건져 한 김 식힌 후 1cm 두께로 썬다.

3

애호박, 새송이버섯은 사방 0.5cm 크기로, 양파는 0.5×0.5cm 크기로 썬다. 쌈 채소는 흐르는 물에 씻은 후 체에 밭쳐 물기를 뺀다.

4

달군 팬에 기름을 두르지 않은 채 씨앗을 넣어 약한 불에서 2분간 볶은 후 접시에 덜어둔다.

5

달군 팬에 식용유를 두르고 애호박, 새송이버섯, 양파를 넣어 중간 불에서 2분간 볶는다.

6

①의 양념을 넣고 센 불에서 끓어오르면 중약 불로 줄여 3분간 저어가며 끓인다. 국물이 자박하게 남으면 불을 끄고 씨앗을 넣어 섞는다. 두부밥에 쌈 채소, 두부, 씨앗 강된장을 곁들인다.

{ **데친 두부 대신 구운 두부로 더 간편하게 즐기기**
두부를 데치지 말고 달군 팬에 식용유(1작은술)를 두른 후
중간 불에서 앞뒤로 각각 1분 30초씩 굽는다. }

eGL	8
탄수화물 함량(g)	36
kcal	423

꽁치 대파조림 쌈밥

1
포화지방이 적은 단백질 식품인 꽁치를 대파와 함께 조려 Low GL 밥과 채소 쌈을 싸 먹는 메뉴예요.

2
통조림 꽁치로 만들어 비린내가 적고 손질이 간편하며 뼈째 먹을 수 있어요.

고단백

빈혈 예방

뼈 건강

피로 해소

밥을 먹으면서 실천하는
Low GL **쌈밥**

🍚 추천 밥 : 양배추밥
⏱ 20~25분

- 양배추밥 1공기(130g)
- 쌈 채소 50g
- 통조림 꽁치 1/2캔
  (작은 것, 140g, 꽁치만 120g)
- 대파(흰 부분) 5cm 3대
- 대파(푸른 부분) 5cm 6대
- 청양고추 1개
- 생강 1톨(마늘 크기)

양념
- 물 1/2컵(100㎖)
- 고춧가루 1작은술
- 다진 마늘 1작은술
- 맛술 1작은술
- 양조간장 2작은술

1
꽁치는 체에 밭쳐 흐르는 물에 씻은 후 물기를 뺀다.

2
대파는 두께에 따라 2~4등분한다. 청양고추는 송송 썰고, 생강은 편으로 썬다.

3
쌈 채소는 흐르는 물에 씻은 후 체에 밭쳐 물기를 뺀다.

4
볼에 양념 재료를 모두 넣어 섞는다.

5
냄비에 대파를 깔고 꽁치, 생강을 올린 후 양념을 넣어 센 불에서 끓어오르면 약한 불로 줄여 5분간 끓인다.

6
청양고추를 넣고 숟가락으로 국물을 끼얹어가며 1분간 조린다. 쌈 채소와 함께 양배추밥에 곁들인다.

{ **통조림 마일드 참치로 다양하게 즐기기** }
통조림 마일드 참치 1/2캔 (작은 것, 50g)을 체에 밭쳐 기름기를 뺀 후
과정 ⑤에서 꽁치 대신 넣는다. 양념 재료의 양조간장을 1/2작은술 줄인다.

eGL	10
탄수화물 함량(g)	36
kcal	393

돼지고기 두루치기 미나리쌈밥

1
GL을 낮추기 위해 지방 함량이 적고 단백질이 풍부한 돼지고기 부위로 만들었어요.

2
비타민 B가 풍부한 돼지고기는 피로 해소에도 도움을 줘요.

3
미나리는 해독효과가 있고 식이섬유가 풍부해 다이어트에 효과적이지요.

 고단백

 저염

 빈혈예방

 피로해소

밥을 먹으면서 실천하는
Low GL 쌈밥

🍚 추천 밥 : 숙주밥
⏱ 20~25분

- 숙주밥 1공기(140g)
- 쌈 채소 50g
- 돼지고기 불고기용
  (또는 앞다리살, 뒷다리살) 100g
- 미나리 1/2줌(35g)
- 양파 1/5개(40g)
- 대파(흰 부분) 10cm
- 식용유 1작은술
- 통깨 약간

양념
- 고춧가루 1작은술
- 다진 마늘 1/2작은술
- 청주 1작은술
- 양조간장 1작은술
- 올리고당 2작은술
- 고추장 1작은술
- 참기름 1작은술
- 후춧가루 약간

1 돼지고기는 키친타월로 감싸 핏물을 제거하고 2cm 폭으로 썬다. 볼에 양념 재료와 돼지고기를 넣고 버무려 10분간 재운다.

2 쌈 채소는 흐르는 물에 씻은 후 체에 밭쳐 물기를 뺀다. 미나리는 시든 잎을 떼어내고 흐르는 물에 씻은 후 체에 밭쳐 물기를 뺀다.

3 미나리는 2cm 길이로 썬다. 양파는 1cm 폭으로 채 썰고, 대파는 어슷 썬다.

4 달군 팬에 식용유를 두르고 양파, 대파를 넣어 중간 불에서 1분간 볶는다.

5 돼지고기를 넣고 중약 불에서 2분 30초간 볶은 후 통깨를 뿌린다.

6 돼지고기 두루치기에 미나리를 올린 후 쌈 채소와 함께 숙주밥에 곁들인다.

김밥으로 색다르게 즐기기
김밥 김 위에 숙주밥을 깔고 미나리와 돼지고기 두루치기를 올린 후 돌돌 말아 한입 크기로 썬다.

eGL	10
탄수화물 함량(g)	43
kcal	396

무생채를 곁들인 닭가슴살보쌈

1
나트륨이 높아 Low GL 식사를 방해하는 쌈장 대신 식이섬유가 풍부한 무생채를 곁들여 쌈을 싸 먹는 메뉴예요.

2
저지방 고단백의 닭가슴살로 만들어 열량을 낮췄어요.

고단백

혈관 건강

빈혈 예방

노화 방지

밥을 먹으면서 실천하는
Low GL **쌈밥**

🍚 추천 밥 : 무밥
⏱ 40~45분

- 무밥 1공기(130g)
- 쌈 채소 50g
- 닭가슴살 1쪽
  (또는 돼지고기 안심, 100g)
- 무 지름 10cm, 두께 1cm(100g)
- 배 1/10개
  (또는 사과 1/5개, 40g)
- 쪽파 2줄기(20g)
- 대파(흰 부분) 10cm
- 소금 1작은술
- 물 1큰술

밑간
- 청주 1큰술
- 소금 1/2작은술
- 후춧가루 약간

양념
- 고춧가루 1/2큰술
- 식초 1/2큰술
- 매실청(또는 올리고당) 1/2큰술
- 멸치액젓(또는 까나리액젓) 1작은술

1

볼에 밑간 재료와 닭가슴살을 넣고 버무려 10분간 재운다. 찜기의 1/2지점까지 물을 붓고 뚜껑을 덮어 끓인다.

2

무와 배는 0.5cm 두께로 채 썬다. 쪽파는 3cm 길이로 썰고, 대파는 어슷 썬다. 쌈 채소는 흐르는 물에 씻은 후 체에 밭쳐 물기를 뺀다.

3

①의 찜기에 김이 오르면 대파를 깔고 닭가슴살을 올린다. 뚜껑을 덮어 중간 불에서 20분간 찐다.
★ 대파와 함께 찌면 닭가슴살의 잡내가 제거된다.

4

볼에 무, 소금, 물을 넣어 버무려 15분간 절인다. 찬물에 헹군 후 면포로 감싸 물기를 꼭 짠다.

5

볼에 양념 재료와 무, 배, 쪽파를 넣고 골고루 버무린다.

6

닭가슴살은 1cm 두께로 썬다. 무밥에 닭가슴살과 무생채, 쌈 채소를 곁들인다.

eGL	11
탄수화물 함량(g)	37
kcal	412

땅콩소스를 곁들인 닭고기 무쌈

1
단백질이 풍부한 닭가슴살과 식이섬유가 풍부한 피망, 양파, 무쌈을 함께 먹는 메뉴로 밥을 적게 먹어도 포만감을 느낄 수 있어요.

2
혈당을 천천히 올리고 식물성 불포화지방이 풍부한 땅콩을 소스에 더해 GL을 낮췄어요.

- 고단백
- 저염
- 피로해소
- 노화방지

밥을 먹으면서 실천하는
Low GL **쌈밥**

◇ 추천 밥 : 무밥
⏱ 35~40분

- 무밥 1공기(130g)
- 닭가슴살 1쪽(100g)
- 피망 1/4개(25g)
- 파프리카 1/7개(30g)
- 양파 1/8개(25g)
- 무 지름 10cm, 두께 0.5cm(50g)

무 절임용
- 식초 1/4컵(50ml)
- 올리고당 1큰술
- 소금 1/3작은술

닭가슴살 삶는 물
- 물 3컵(600ml)
- 청주 1큰술
- 대파(푸른 부분) 10cm
- 마늘 1쪽

땅콩소스
- 땅콩(껍질 벗긴 것) 1큰술
- 하프 마요네즈 1큰술
- 연 고추냉이 1/2작은술
- 물 1작은술
- 올리고당 1작은술

1

무는 모양대로 얇게 썰어 볼에 넣는다.
*채칼을 사용하면 편리하다.

2

냄비에 무 절임용 재료를 모두 넣어 중간 불에서 끓기 시작하면 불을 끄고 ①의 볼에 붓는다. 한 김 식힌 후 냉장실에 넣어 차게 식힌다.

3

냄비에 닭가슴살 삶는 물 재료를 모두 넣어 끓인다. 피망, 파프리카, 양파는 0.3cm 폭으로 채 썬다.

4

양파는 찬물에 5분간 담가 매운맛을 제거하고 체에 받쳐 물기를 뺀다.

5

③의 끓는 물에 닭가슴살을 넣어 12분간 삶은 후 체에 받쳐 물기를 빼고 한 김 식힌다. 닭가슴살은 잘게 찢는다.

6

푸드 프로세서에 땅콩소스 재료인 땅콩을 넣어 곱게 간 다음 볼에 담고 나머지 땅콩소스 재료를 넣어 골고루 섞는다. 무밥에 모든 재료와 땅콩소스를 곁들인다.

{ **닭가슴살 통조림으로 더 간편하게 즐기기**
⑤번 과정을 생략하고 통조림 닭가슴살(작은 것, 90g)을 체에 받쳐 뜨거운 물을 끼얹은 후 그대로 물기를 빼 사용한다. }

eGL	12
탄수화물 함량(g)	42
kcal	380

대파 버섯 불고기쌈밥

1
식이섬유가 풍부한 버섯과 대파를 넣어 탄수화물의 소화, 흡수를 늦췄어요.

2
GL이 낮고 철분함량이 많은 쇠고기로 만들었어요.

3
쌈 채소와 함께 싸 먹으면 포만감이 커져요.

 고단백

 혈관 건강

 대장 건강

빈혈 예방

밥을 먹으면서 실천하는
Low GL **쌈밥**

▽ 추천 밥 : 무밥
⏱ 30~35분

- 무밥 1공기(130g)
- 쌈 채소 50g
- 쇠고기 불고기용 80g
- 대파 채 50g
- 모둠 버섯 100g(느타리버섯·팽이버섯·표고버섯·백만송이버섯 등)

양념
- 양파 1/8개(25g)
- 대파(흰 부분) 5cm
- 마늘 1쪽
- 양조간장 2작은술
- 올리고당 1/2큰술
- 참기름 1작은술
- 후춧가루 약간

국물
- 물 1/4컵(50㎖)
- 양조간장 1작은술
- 맛술 1작은술

1

푸드 프로세서에 양념 재료를 모두 넣어 곱게 갈아 큰 볼에 담는다.

2

쇠고기는 키친타월로 감싸 핏물을 제거하고 2cm 폭으로 썬다. ①의 볼에 쇠고기를 넣고 버무려 20분간 재운다.

3
쌈 채소는 흐르는 물에 씻은 후 체에 밭쳐 물기를 뺀다.

4

대파 채는 찬물에 5분간 담가 매운맛을 제거하고 체에 밭쳐 물기를 뺀다.

5

느타리버섯, 팽이버섯과 백만송이버섯은 밑동을 제거한 후 가닥가닥 찢고, 표고버섯은 기둥을 제거한 후 0.5cm 폭으로 썬다.

6

냄비에 국물 재료를 넣어 센 불에서 끓어오르면 쇠고기를 넣고 중간 불로 줄여 1분 30초, 버섯을 넣어 1분간 끓인다. 무밥에 불고기, 대파 채, 쌈 채소를 곁들인다.

eGL	12
탄수화물 함량(g)	42
kcal	339

쌈 싸 먹는 찌개

1
국물 요리는 Low GL을 방해하므로 국물이 거의 없는 찌개를 만들어 쌈을 싸 먹는 메뉴예요.

2
돼지고기를 넣어 단백질을, 버섯을 넣어 식이섬유를 더해 GL을 낮췄지요.

혈관 건강

대장 건강

피로 해소

노화 방지

밥을 먹으면서 실천하는
Low GL **쌈밥**

▽ 추천 밥 : 양배추밥
⏱ 30~35분

- 양배추밥 1공기(130g)
- 쌈 채소 50g
- 돼지고기 목살 50g
- 표고버섯 2개
  (또는 새송이버섯 2/3개·
  양송이버섯 2와 1/2개, 50g)
- 양파 1/8개(25g)
- 청양고추 1/2개
- 대파(흰 부분)10cm
- 배추김치 1/2컵(75g)
- 식용유 2작은술
- 김칫국물 1/4컵(50㎖)
- 물 1/3컵(75㎖)

양념
- 고춧가루 1/2큰술
- 된장 1/2큰술
- 고추장 1/2큰술
- 다진 생강 1/3작은술
- 다진 마늘 1작은술
- 청주 1작은술
- 국간장 1/2작은술

1
돼지고기는 1.5×1.5cm 크기로 썬다. 볼에 양념 재료와 돼지고기를 넣고 버무려 10분간 재운다.

2
표고버섯은 사방 1.5cm 크기로, 양파는 1.5×1.5cm 크기로 썬다. 청양고추, 대파는 송송 썰고 배추김치는 2cm 폭으로 썬다.

3
쌈 채소는 흐르는 물에 씻은 후 체에 밭쳐 물기를 뺀다.

4
달군 냄비에 식용유를 두르고 돼지고기, 배추김치를 넣어 중약 불에서 3분간 볶는다.

5
양파를 넣어 2분간 볶은 후 김칫국물, 물을 넣고 센 불에서 끓어오르면 뚜껑을 덮어 약한 불에서 3분간 끓인다.

6
표고버섯, 청양고추, 대파를 넣고 저어가며 2분간 끓인다. 양배추밥에 찌개, 쌈 채소를 곁들인다.

{ **돼지고기 대신 두부를 넣어 더 가볍게 즐기기**
과정 ①을 생략하고 두부 작은 팩 1/4모(50g)를 사방 1.5cm 크기로 썰고 과정 ④에 배추김치, 양념을 넣어 볶는다. 과정 ⑥에서 두부를 넣어 2분간 끓인다. }

eGL	13
탄수화물 함량(g)	37
kcal	352

스팀 샤부샤부쌈밥

1
돼지고기 목살을 숙주, 청경채와 찐 후 함께 먹는 메뉴예요.

2
밥 양을 줄이고 고기와 채소를 듬뿍 곁들여 포만감을 주고 탄수화물 섭취를 낮췄어요.

- 고단백
- 혈관건강
- 피로해소
- 노화방지

밥을 먹으면서 실천하는
Low GL **쌈밥**

▽ 추천 밥 : 숙주밥
⏱ 20~25분

- 숙주밥 1공기(140g)
- 돼지고기 목살
  (또는 돼지고기 안심) 100g
- 숙주 2줌(100g)
- 청경채 2개(60g)
- 양파 1/8개(25g)
- 청주 1큰술
- 소금 1/3작은술
- 후춧가루 약간

양념장
- 올리고당 2작은술
- 연겨자 1작은술
- 양파 채 썬 것 1/8개분(25g)
- 생수 1큰술
- 식초 2작은술
- 양조간장 2작은술

1 돼지고기는 3×3cm 크기로 썬다. 찜기의 1/2지점까지 물을 붓고 청주를 넣은 후 뚜껑을 덮어 끓인다.

2 청경채는 밑동을 제거하고 길이대로 4등분한다. 양파는 1cm 폭으로 채 썬다.

3 숙주는 흐르는 물에 씻은 후 체에 밭쳐 물기를 뺀다.

4 ①의 찜기에 김이 오르면 양파를 깔고 돼지고기를 올린다. 소금, 후춧가루를 뿌린 후 뚜껑을 덮어 센 불에서 4분간 찐다.
★ 양파와 함께 찌면 돼지고기의 잡내가 제거된다.

5 볼에 양념장 재료의 올리고당, 연겨자를 넣어 골고루 섞은 후 나머지 양념장 재료를 넣고 섞는다.

6 ④의 찜기에 숙주, 청경채 순으로 올린 후 뚜껑을 덮어 4분간 더 찐다. 숙주밥에 돼지고기, 찐 채소, 양념장을 곁들인다.

eGL	14
탄수화물 함량(g)	50
kcal	291

버섯초회 배추쌈밥

1
식이섬유가 풍부한 버섯과 배추로 GL을 줄였어요.

2
소화 흡수를 고려해 재료를 오래 삶는 것보다 알배기배춧잎과 버섯은 살짝 데치는 것이 좋아요.

3
다시마는 위장에서 수분을 흡수해 부피가 커져 포만감을 주어 다이어트에 효과적이에요.

 저염

 대장건강

 뼈건강

노화방지

밥을 먹으면서 실천하는
Low GL **쌈밥**

🍚 추천 밥 : 두부밥
⏱ 25~30분

- 두부밥 1공기(130g)
- 알배기배춧잎 4장(120g)
- 팽이버섯 1줌(50g)
- 백만송이버섯 1줌(50g)
- 표고버섯 2개(50g)
- ★ 모든 버섯은 동량으로 대체 가능
- 쌈 다시마 7×7cm 3장
  (또는 곰피, 생미역, 45g)
- 미나리 2/3줌(약 50g)

양념장
- 고춧가루 1작은술
- 감식초(또는 식초) 1큰술
- 올리고당 1작은술
- 매실청 1작은술
- 고추장 1과 1/2작은술

1

팽이버섯, 백만송이버섯은 밑동을 제거한 후 가닥가닥 찢고, 표고버섯은 기둥을 제거해 0.5cm 폭으로, 미나리는 잎 부분을 떼어내고 15cm 길이로 썬다. 볼에 양념장 재료를 모두 넣어 섞는다.

2

냄비에 알배기배춧잎 데칠 물(물 4컵 + 소금 1작은술)을 끓인다. 다시마는 흐르는 물에 씻은 후 물에 10분간 담가 소금기를 뺀다.

3

②의 끓는 물에 알배기배춧잎를 넣고 15초간 데친 후 체에 밭쳐 찬물에 헹궈 물기를 뺀다.
①의 버섯을 각각 10초씩 데친 후 체에 밭쳐 찬물에 헹궈 물기를 꼭 짠다.

4

알배기배춧잎은 줄기 아래쪽 두꺼운 부분을 얇게 저민다.

5

알배기배춧잎은 위아래로 엇갈리게 겹쳐 펼치고 1/3지점에 다시마를 올린다. 두부밥, 팽이버섯, 백만송이버섯, 표고버섯, 미나리 순으로 올린다.

6

알배기배춧잎을 잡고 김밥 말듯이 돌돌 만 후 2cm 두께로 썬다. ①의 양념장을 곁들인다.
★ 미나리와 버섯을 다져 두부밥에 섞은 후 배추와 쌈 다시마에 싸 먹어도 좋다.

비빔밥으로 색다르게 즐기기
미나리는 송송 썰고 배추와 쌈 다시마는 1×1cm 크기로 썬다.
큰 볼에 모든 재료를 넣고 양념장을 기호에 따라 넣고 비벼 먹는다.

eGL	14
탄수화물 함량(g)	42
kcal	357

돼지수육 대파무침 쌈밥

1 나트륨을 줄이기 위해 쌈장 대신 슴슴하게 무친 대파무침을 곁들여 쌈을 싸 먹는 메뉴예요.

2 지방 함량이 적고, 단백질이 풍부한 돼지고기 불고기용을 사용했어요.

3 돼지고기를 살짝 데쳐서 기름기를 제거했어요.

- 고단백
- 저염
- 혈관 건강
- 대장 건강

밥을 먹으면서 실천하는
Low GL **쌈밥**

▽ 추천 밥 : 양배추밥
⏱ 20~25분

- 양배추밥 1공기(130g)
- 쌈 채소 50g
- 돼지 불고기용
  (또는 앞다리살) 100g
- 대파 채 50g
- 깻잎 5장(10g)
- 양파 1/8개(25g)
- 통깨 약간
- 참기름 약간

돼지고기 삶는 물
- 물 3컵(600㎖)
- 청주 1/2큰술
- 된장 1/2큰술
- 마늘 1쪽
- 대파(푸른 부분) 10cm

양념
- 고춧가루 2/3작은술
- 소금 1/4작은술
- 다진 마늘 1/3작은술
- 식초 1작은술
- 올리고당 1작은술
- 고추장 1작은술
- 후춧가루 약간

1
돼지고기는 키친타월로 감싸 핏물을 제거하고 2cm 폭으로 썬다. 냄비에 돼지고기 삶는 물 재료를 모두 넣어 끓인다.

2
①의 끓는 물에 돼지고기를 넣어 2분간 데친 후 체에 밭쳐 한 김 식힌다.

3
양파는 가늘게 채 썰고, 깻잎은 돌돌 말아 채 썬다.

4
양파·대파 채는 찬물에 5분간 담가 매운맛을 제거하고 체에 밭쳐 물기를 뺀다.

5
쌈 채소는 흐르는 물에 씻은 후 체에 밭쳐 물기를 뺀다.

6
볼에 양념 재료를 모두 넣어 섞은 후 돼지고기, 양파·대파 채, 깻잎을 넣어 조물조물 무친다. 통깨와 참기름을 넣고 섞는다. 양배추밥에 돼지수육 대파무침과 쌈 채소를 곁들인다.

{ **대파 채 대신 콩나물을 넣어 다양하게 즐기기**
동량의 콩나물을 끓는 물(3컵)에 넣어 1분간 데친 후 체에 밭쳐 흐르는 물에 헹군 후 물기를 꼭 짜 과정 ⑥에 넣어 버무린다. }

eGL	14
탄수화물 함량(g)	42
kcal	403

닭가슴살 갈비양념구이 쌈밥

1
저지방 고단백의 닭가슴살을 사용해 GL과 열량을 낮췄어요.

2
나트륨 배출을 돕는 칼륨이 풍부한 양송이버섯을 곁들였어요.

3
식이섬유가 풍부한 과일로 단맛을 더하면 달콤한 맛을 즐기면서도 GL을 낮출 수 있어요.

 고단백

 혈관 건강

 빈혈 예방

 노화 방지

밥을 먹으면서 실천하는
Low GL | 쌈밥

▽ 추천 밥 : 숙주밥
⏱ 35~40분

- 숙주밥 1공기(140g)
- 쌈 채소 50g
- 닭가슴살 1쪽
  (또는 닭안심 4쪽, 100g)
- 양송이버섯 2개
  (또는 새송이버섯 1/2개, 40g)
- 양파 1/7개(30g)
- 소금 약간
- 후춧가루 약간

밑간
- 배 1/10개
  (또는 사과 1/4개·
  키위 1/2개·양파 1/4개, 50g)
- 청주 1작은술
- 후춧가루 약간

양념
- 다진 파 2작은술
- 다진 마늘 1/3작은술
- 양조간장 2작은술
- 올리고당 1작은술
- 참기름 1/2작은술

1
닭가슴살은 0.5cm 두께로 비스듬하게 썰고, 양송이버섯은 기둥을 제거하고 2등분한다. 양파는 2×2cm 크기로 썬다.

2
밑간 재료의 배는 강판에 간다. 볼에 밑간 재료를 모두 넣어 섞는다.

3
②에 닭가슴살을 넣고 버무려 10분간 재운 후 양념 재료를 모두 넣고 버무려 10분간 더 재운다.

4
쌈 채소는 흐르는 물에 씻은 후 체에 밭쳐 물기를 뺀다.

5
달군 팬에 양송이버섯, 양파, 소금을 넣어 센 불에서 2분간 볶는다. 불을 끄고 후춧가루를 뿌린 후 접시에 덜어둔다.

6
팬을 닦고 다시 달궈 ③을 넣어 중약 불에서 앞뒤로 뒤집어가며 4분간 구운 후 불을 끄고 ⑤와 섞는다. 숙주밥에 닭가슴살 갈비양념구이, 쌈 채소를 곁들인다.

eGL	15
탄수화물 함량(g)	35
kcal	312

오징어 된장볶음 쌈밥

1 다른 양념류에 비해 감칠맛이 있는 된장으로 양념한 오징어볶음 쌈밥이에요.

2 단백질이 풍부한 오징어와 식이섬유가 풍부한 숙주를 볶아 GL을 낮췄어요

 고단백

 피로 해소

노화 방지

밥을 먹으면서 실천하는 Low GL 쌈밥

▽ 추천 밥 : 무밥
⏱ 25~30분

- 무밥 1공기(130g)
- 쌈 채소 50g
- 오징어 1/2마리(또는 냉동 생새우살 킹사이즈 8마리, 120g)
- 숙주 1줌(50g)
- 양파 1/4개(50g)
- 홍고추(또는 청양고추) 1개
- 식용유 1작은술
- 다진 마늘 1작은술
- 고춧가루 1/3작은술
- 통깨 약간

양념
- 청주 1작은술
- 양조간장 1작은술
- 된장 1과 1/2작은술
- 올리고당 2작은술
- 후춧가루 약간

1
오징어는 몸통을 길이로 반을 갈라 내장이 붙은 다리를 잡아당겨 떼어낸다. 몸통 안쪽의 투명한 뼈를 제거하고, 다리에 붙은 내장, 눈, 입을 떼어낸다.

2
흐르는 물에서 손가락으로 다리를 훑어가며 빨판 이물질을 제거한다. 몸통 안쪽에 0.3cm 간격의 우물정(#)자로 칼집을 넣는다. 몸통, 귀는 길이로 2등분한 후 1.5cm 폭으로 썰고, 다리는 5cm 길이로 썬다.

3
쌈 채소와 숙주는 흐르는 물에 씻은 후 체에 밭쳐 물기를 뺀다.

4
양파는 0.5cm 두께로 채 썰고, 홍고추는 어슷 썬다. 볼에 양념 재료를 모두 넣어 섞는다.

5
달군 팬에 식용유를 두르고 다진 마늘, 고춧가루를 넣어 약한 불에서 30초간 볶은 후 양파를 넣고 중간 불로 올려 1분간 볶는다.

6
오징어를 넣고 30초간 볶은 후 양념, 숙주, 홍고추를 넣어 센 불에서 1분 30초간 볶아 무밥에 오징어 된장볶음, 쌈 채소를 곁들인다. ★ 물이 생기지 않도록 숙주를 넣고 센 불에서 재빨리 볶는다.

eGL	17
탄수화물 함량(g)	41
kcal	277

부추잡채를 곁들인 구운 가지쌈밥

1
채소 쌈이 지겨울 때, 식이섬유가 풍부한 가지를 구워 쌈을 싸 먹는 메뉴예요.

2
부추, 양파, 당근, 새우를 함께 볶아 포만감을 주지요.

3
매콤한 고추기름을 넣어 풍미를 살리고 다른 양념은 최소한으로 줄였어요.

- 고단백
- 대장건강
- 빈혈예방
- 노화방지

밥을 먹으면서 실천하는
Low GL **쌈밥**

🍚 **추천 밥 : 새송이버섯밥**
⏱ 30~35분

- 새송이버섯밥 1공기(130g)
- 냉동 생새우살 5마리(킹사이즈, 또는 돼지고기 잡채용, 75g)
- 가지 1/3개
  (또는 애호박 1/5개, 50g)
- 부추 1/2줌(25g)
- 양파 1/8개(25g)
- 당근 1/8개(25g)
- 표고버섯 1개(25g)
- 고추기름(또는 식용유) 1작은술
  + 1작은술
- 소금 약간
- 양조간장 1작은술

밑간
- 청주 1작은술
- 소금 약간
- 후춧가루 약간

1

냉동 생새우살은 찬물(2컵)에 10분간 담가 해동한 후 체에 밭쳐 물기를 뺀다.

2

생새우살은 반으로 저민 후 볼에 밑간 재료와 함께 넣고 버무려 10분간 재운다.

3

부추는 5cm 길이로 썰고, 양파와 당근은 5cm 길이로 가늘게 채 썬다. 가지는 0.5cm 두께로 어슷 썰고, 표고버섯은 기둥을 제거하고 0.5cm 폭으로 썬다.

4

달군 팬에 가지를 올려 센 불에서 앞뒤로 각각 1분씩 구워 접시에 덜어둔다.

5

팬을 닦고 다시 달궈 고추기름(1작은술)을 두르고 생새우살을 넣어 중간 불에서 2분간 볶은 후 접시에 덜어둔다.

6

팬을 닦고 다시 달궈 고추기름(1작은술)을 두르고 양파, 당근, 표고버섯, 소금을 넣어 중간 불에서 2분, 양조간장을 넣고 30초간 볶는다. 생새우살, 부추를 넣어 섞은 후 불을 끈다. 새송이버섯밥에 부추잡채, 구운 가지를 곁들인다.

eGL	18
탄수화물 함량(g)	45
kcal	334

버섯 약고추장을 곁들인 새우 마늘쌈밥

1 약고추장에 버섯을 넣어 나트륨 섭취를 낮추고 식이섬유와 씹는 재미를 더했어요.

2 새우로 단백질을 더해 GL은 낮추면서 포만감을 주었어요.

- 고단백
- 대장건강
- 빈혈예방
- 노화방지

밥을 먹으면서 실천하는
Low GL **쌈밥**

🍚 추천 밥 : 숙주밥
🕐 30~35분

- 숙주밥 1공기(140g)
- 쌈 채소 50g
- 냉동 생새우살 6마리
  (킹사이즈, 100g)
- 새송이버섯 3/4개
  (또는 양송이버섯 3개,
  표고버섯 2개, 60g)
- 마늘 3쪽(15g)
- 식용유 1작은술
- 물 1큰술

밑간
- 청주 1작은술
- 소금 약간
- 통후추 간 것 약간

약고추장 양념
- 고춧가루 1작은술
- 다진 마늘 1/2작은술
- 물 1작은술
- 양조간장 1/2작은술
- 고추장 2작은술
- 올리고당 1작은술
- 참기름 1/2작은술

1
냉동 생새우살은 찬물(2컵)에 10분간 담가 해동한 후 체에 밭쳐 물기를 뺀다. 반으로 저민 후 볼에 밑간 재료와 함께 넣고 버무려 10분간 재운다.

2
새송이버섯은 잘게 다지고, 마늘은 편으로 썬다. 볼에 약고추장 양념 재료를 모두 넣어 섞는다.

3
쌈 채소는 흐르는 물에 씻은 후 체에 밭쳐 물기를 뺀다.

4
달군 팬에 식용유를 두르고 마늘을 넣어 약한 불에서 1분간 볶은 후 물을 넣고 1분간 더 볶는다.

5
생새우살을 넣고 중간 불로 올려 2분간 볶은 후 접시에 덜어둔다.

6
팬을 닦고 다시 달궈 기름을 두르지 않은 채 새송이버섯을 넣어 중간 불에서 1분 30초, 약고추장 양념을 넣고 30초간 볶는다. 숙주밥에 ⑤와 약고추장, 쌈 채소를 곁들인다.

자투리 채소를 더해 든든하게 즐기기
양파, 피망, 버섯 등(총 50g)을 한입 크기로 썬 후 과정 ⑤에 넣는다.

eGL	16
탄수화물 함량(g)	43
kcal	297

양송이버섯강된장을 곁들인
양배추쌈밥

1 강된장에 칼륨이 풍부한 양송이버섯을 더해 나트륨 배출을 돕고 식이섬유 섭취를 늘렸어요.

2 포만감이 큰 양배추쌈을 곁들여 밥(탄수화물) 섭취량을 줄이고 GL을 낮췄어요.

고단백
혈관건강
대장건강
노화방지

🍚 **추천 밥 : 두부밥**
🕐 **25~30분**

- 두부밥 1공기(130g)
- 양배추 3장(손바닥크기, 90g)
- 양송이버섯 5개
  (또는 새송이버섯 1과 1/3개, 100g)
- 애호박 1/9개(30g)
- 양파 1/8개(25g)
- 대파(흰 부분) 5cm
- 청양고추 1개
- 물 1큰술
- 참기름 1작은술
- 다시마 5×5cm

양념
- 물 1/2컵(100㎖)
- 다진 마늘 1/2작은술
- 된장 2작은술
- 고추장 1작은술

1 양송이버섯, 애호박은 사방 0.5cm 크기로, 양파는 0.5×0.5cm 크기로 썬다. 대파와 청양고추는 송송 썬다. 볼에 양념 재료를 모두 넣어 섞는다.

2 내열 용기에 양배추와 물을 넣고 뚜껑을 덮어 전자레인지(700W)에서 3~4분간 익힌다.

3 달군 냄비에 참기름을 두르고 양송이버섯, 애호박, 양파, 대파를 넣어 중간 불에서 3분간 볶는다.

4 청양고추, 다시마, 양념을 넣고 끓어오르면 3분, 약한 불로 줄여 3분간 더 끓인 후 다시마를 건져낸다. 두부밥에 양배추, 양송이버섯강된장을 곁들인다.

생채소와 단백질이 균형을 이룬 한 그릇 Low GL 비빔밥

일반 비빔밥 한 그릇
33 eGL
↓
Low GL 비빔밥
평균 12 eGL

☑ 많은 양의 채소와 지방이 적은 단백질 식품을 Low GL 밥과 함께 비벼 먹는 메뉴예요.

☑ 양념장에 사용되는 참기름, 통깨, 견과류 등은 불포화지방 함유량이 많아 Low GL 식사에 도움을 줄뿐만 아니라 간을 적게 해도 맛을 살려준답니다.

☑ 포만감이 큰 편이나 평소 식사량이 많았던 분이라면 채소의 양을 더 늘려도 좋아요.

☑ Low GL 기본국(038~040쪽)을 곁들이면 한 끼 식단으로 누구나 맛있게 즐길 수 있습니다.

☑ 식어도 맛있는 메뉴가 많아 다이어트 도시락으로 추천해요.

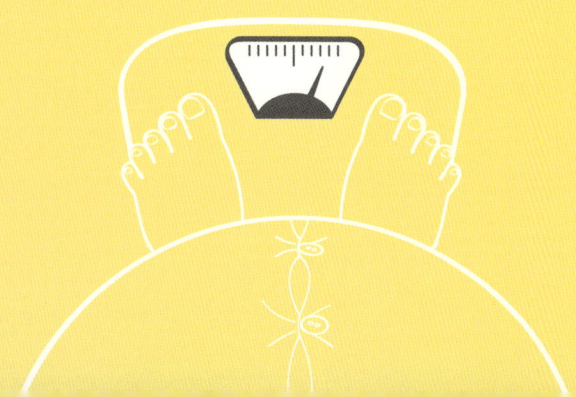

eGL	8
탄수화물 함량(g)	34
kcal	428

토마토비빔밥

1
감칠맛이 있는 토마토를 넣어 간을 많이 하지 않아도 돼 나트륨 섭취를 줄였어요.

2
식이섬유가 풍부한 토마토를 넣어 탄수화물의 소화와 흡수를 늦췄어요.

3
수분이 풍부한 토마토와 단백질이 풍부한 닭가슴살로 만들어 포만감이 커요.

 고단백

 혈관 건강

 피로 해소

노화 방지

밥을 먹으면서 실천하는
Low GL 비빔밥

🍚 추천 밥 : 양배추밥
🕐 20~25분

- 양배추밥 1공기(130g)
- 닭가슴살 1쪽
  (또는 닭안심 4쪽, 100g)
- 방울토마토 약 10개(150g)
- 깻잎 5장(10g)
- 식용유 1작은술 + 1작은술
- 소금 약간
- 후춧가루 약간

밑간
- 소금 1/4작은술
- 청주 1작은술
- 후춧가루 약간

양념장
- 물 1큰술
- 양조간장 1/2큰술
- 다진 마늘 1/4작은술
- 참기름 1/2작은술
- 통깨 약간

1

닭가슴살은 모양대로 반으로 저민 후 1cm 폭으로 썬다. 볼에 밑간 재료와 함께 넣고 버무려 5분간 재운다.

2

방울토마토는 크기에 따라 2~4등분한다. 깻잎은 길이로 2등분한 후 0.5cm 폭으로 썬다.

3

작은 볼에 양념장 재료를 모두 넣어 섞는다.

4

달군 팬에 식용유(1작은술)를 두르고 닭가슴살을 넣어 중간 불에서 2분간 볶아 접시에 덜어둔다.

5

팬을 닦고 다시 달궈 식용유(1작은술)를 두르고 방울토마토, 소금, 후춧가루를 넣어 중간 불에서 1분 30초간 볶는다.

6

그릇에 양배추밥을 담고 닭가슴살, 방울토마토, 깻잎을 올린 후 양념장을 곁들인다.

eGL	9
탄수화물 함량(g)	37
kcal	423

땡초비빔밥

1
기름으로 재료를 볶으면 혈당을 천천히 올려 Low GL 식사법으로 좋아요.

2
오이는 껍질을 벗기지 않고 사용해 식이섬유 섭취량을 늘려 탄수화물의 소화와 흡수를 늦췄어요.

3
매콤한 청양고추를 넣어 간을 적게 해도 맛있어요.

고단백

혈관 건강

빈혈 예방

밥을 먹으면서 실천하는
Low GL **비빔밥**

▽ 추천 밥 : 숙주밥
⏱ 25~30분

- 숙주밥 1공기(140g)
- 다진 쇠고기 100g
- 양파 1/4개(50g)
- 식용유 1작은술
- 통깨 으깬 것 1작은술
- 참기름 1작은술

양념
- 청주 2작은술
- 양조간장 2작은술
- 매실청 1작은술

청양고추 절임
- 오이 1/4개(50g)
- 청양고추 1개
- 식초 2작은술
- 올리고당 1작은술
- 소금 약간

1 다진 쇠고기는 키친타월로 감싸 핏물을 제거한다. 볼에 양념 재료와 쇠고기를 함께 넣고 버무려 10분간 재운다.

2 양파는 0.5×0.5cm 크기로 썬다. 청양고추 절임 재료의 오이는 소금으로 문질러 흐르는 물에 씻고 칼로 튀어나온 돌기를 제거해 사방 0.5cm로 썰고 청양고추는 송송 썬다.

3 볼에 청양고추 절임 재료를 모두 넣어 섞는다.

4 달군 팬에 식용유를 두르고 양파를 넣어 중간 불에서 1분간 볶은 후 불을 끈다. ③을 넣고 섞은 후 그릇에 덜어둔다.

5 팬을 닦고 다시 달궈 쇠고기를 넣어 중간 불에서 2분간 볶는다.

6 그릇에 숙주밥을 담고 쇠고기, 청양고추 절임, 통깨 으깬 것을 올린 후 참기름을 곁들인다.

{ **주먹밥으로 색다르게 즐기기** }
과정 ⑥에서 모든 재료를 골고루 비빈 후 한입 크기로 둥글게 빚는다.

eGL	10
탄수화물 함량(g)	37
kcal	350

파프리카 생채비빔밥

1 식이섬유와 비타민 C가 풍부한 파프리카를 넣어 GL을 낮추고 포만감은 더했어요.

2 밥(탄수화물)의 양을 줄이는 대신 단백질을 보충할 수 있는 달걀을 볶아 곁들였어요.

- 고단백
- 저염
- 뼈 건강
- 피로 해소

밥을 먹으면서 실천하는
Low GL **비빔밥**

- 추천 밥 : 두부밥
- 20~25분

- 두부밥 1공기(130g)
- 파프리카 1/2개(100g)
- 깻잎 3장
  (또는 부추 1/5줌,
  어린잎 채소 1/3줌, 6g)
- 달걀 1개
- 올리고당 1/2작은술
- 소금 약간
- 식용유 1작은술

양념
- 고춧가루 1작은술
- 다진 마늘 1/4작은술
- 식초 1작은술
- 고추장 1작은술
- 참기름 1/2작은술

1

파프리카는 2등분한 후 0.5cm 폭으로 썰고, 깻잎은 2등분한 후 0.5cm 폭으로 썬다.

2

볼에 파프리카, 올리고당, 소금을 넣고 버무려 10분간 절인 후 체에 밭쳐 물기를 뺀다.

3

볼에 달걀을 넣어 가볍게 푼다.

4

달군 팬에 식용유를 두르고 달걀물을 넣어 중간 불에서 30초간 그대로 둔다. 젓가락으로 저어가며 30초간 익힌 후 접시에 덜어둔다.

5

볼에 양념 재료와 ②의 파프리카를 넣어 골고루 버무린다.

6

그릇에 두부밥을 담고 달걀, 파프리카, 깻잎을 올린다.

통조림 참치를 더해 더 든든하게 즐기기
마일드 통조림 참치 1/2캔(50g)을 체에 밭쳐 기름기를 빼고 과정 ⑥에 함께 곁들인다.

eGL	11
탄수화물 함량(g)	36
kcal	308

달걀 통깨비빔밥

1
소량의 밥을 채소와 달걀, 통깨와 함께 비벼 먹는 메뉴로 포만감이 커요.

2
생채소의 식이섬유는 탄수화물의 소화 흡수를 더욱 느리게 하지요.

3
불포화지방 함유량이 많은 통깨를 넣어 GL은 낮추고 고소함은 살렸어요.

 저염

 대장 건강

 뼈 건강

노화 방지

밥을 먹으면서 실천하는
Low GL | 비빔밥

▽ 추천 밥 : 새송이버섯밥
⏲ 10~15분

- 새송이버섯밥 1공기(130g)
- 달걀 1개
- 어린잎 채소 1줌
  (또는 쌈 채소 2장,
  샐러드 채소, 20g)
- 통깨 1큰술
- 식용유 1작은술
- 양조간장 1/2작은술
- 참기름 1/2작은술

1

어린잎 채소는 흐르는 물에 씻은 후 체에 밭쳐 물기를 뺀다.

2

위생팩에 통깨를 넣고 밀대로 밀어 곱게 부순다.

3

달군 팬에 식용유를 두르고 달걀을 올려 중간 불에서 1분 30초간 반숙으로 익힌다.
★ 완숙으로 즐기려면 뒤집어 1분간 더 익힌다.

4

그릇에 새송이버섯밥을 담고 어린잎 채소, 통깨, 달걀프라이를 올린 후 양조간장, 참기름을 곁들인다.

{ **고추장을 넣어 매콤하게 즐기기**
양조간장 대신 고추장 1과 1/2작은술을 곁들인다. }

eGL	11
탄수화물 함량(g)	40
kcal	341

호두 마요소스를 곁들인 참치 당근비빔밥

1
단백질이 풍부한 참치와 식이섬유가 풍부한 당근, 어린잎 채소를 충분히 넣어 탄수화물을 줄였어요.

2
불포화지방 함유량이 많은 호두를 넣었어요.

3
지방의 함량을 반으로 줄인 하프 마요네즈를 사용했어요.

 고단백

 저염

 뼈 건강

 노화 방지

밥을 먹으면서 실천하는
Low GL **비빔밥**

▽ 추천 밥 : 무밥
⏱ 15~20분

- 통조림 마일드 참치 1/2캔
  (작은 것, 또는 통조림 연어, 50g)
- 당근 1/4개(50g)
- 어린잎 채소 1줌
  (또는 쌈 채소 2장, 20g)

무밥
- 현미밥 60g
- 무 지름 10cm, 두께 0.8cm
  다진 것(80g)
- 소금 약간

호두 마요소스
- 호두 2와 1/2개
  (또는 다른 견과류, 15g)
- 양조간장 1작은술
- 하프 마요네즈 1작은술

1
당근은 4cm 길이, 0.5cm 두께로 채 썬다.

2
호두 마요소스의 호두는 키친타월에 올려 잘게 다진다. 볼에 호두 마요소스 재료를 모두 넣어 섞는다.

3
어린잎 채소는 흐르는 물에 씻은 후 체에 밭쳐 물기를 뺀다.

4
참치는 체에 밭쳐 기름기를 뺀다.

5
내열 용기에 무밥 재료를 넣어 섞은 후 당근을 올린다. 뚜껑을 덮어 전자레인지(700W)에서 4분간 익힌다.

6
⑤에 참치, 어린잎 채소를 올린 후 호두 마요소스를 곁들인다.

eGL	12
탄수화물 함량(g)	40
kcal	406

불고기 호두샐러드 비빔밥

1
식이섬유가 풍부한 어린잎 채소를 듬뿍 올려 포만감이 커요.

2
건강한 단맛과 감칠맛을 주는 양파를 양념에 더해 GL을 낮추면서 맛은 살렸어요.

3
불포화지방 함유량이 많은 호두를 넣었어요.

 고단백

 혈관 건강

 대장 건강

 빈혈 예방

밥을 먹으면서 실천하는
Low GL 비빔밥

🍚 추천 밥 : 새송이버섯밥
⏱ 30~35분

- 새송이버섯밥 1공기(130g)
- 쇠고기 샤부샤부용
  (또는 불고기용, 100g)
- 어린잎 채소 1줌
  (또는 쌈 채소 2장, 20g)
- 다진 호두 1/2큰술
  (또는 다른 견과류, 5g)

양념
- 다진 양파 5큰술(1/4개분, 50g)
- 다진 마늘 1작은술
- 양조간장 2작은술
- 올리고당 2작은술
- 참기름 1/2작은술
- 후춧가루 약간

1
쇠고기는 키친타월로 감싸 핏물을 제거하고 3~4cm 폭으로 썬다.

2
볼에 양념 재료와 쇠고기를 함께 넣고 버무려 20분간 재운다.

3
어린잎 채소는 흐르는 물에 씻은 후 체에 밭쳐 물기를 뺀다.

4
달군 팬에 ②를 넣어 중간 불에서 앞뒤로 뒤집어 가며 2분간 굽는다.

5
호두를 넣고 중간 불에서 저어가며 1분간 볶는다.

6
그릇에 새송이버섯밥을 담고 ⑤와 어린잎 채소를 올린다.

eGL	12
탄수화물 함량(g)	36
kcal	290

구운 버섯 명란젓비빔밥

1
저염 명란젓으로 감칠맛을 더한 메뉴예요.

2
식이섬유가 풍부한 버섯을 듬뿍 넣어 탄수화물의 소화와 흡수를 늦췄어요.

3
달걀로 단백질을 더하고 탄수화물과 지방의 균형을 맞춰 GL을 낮췄어요.

- 고단백
- 대장 건강
- 뼈 건강
- 노화 방지

밥을 먹으면서 실천하는
Low GL **비빔밥**

- 🍚 추천 밥 : 숙주밥
- ⏱ 20~25분

- 숙주밥 1공기(140g)
- 모둠 버섯 150g
  (새송이버섯·표고버섯·양송이버섯
  참타리버섯 등)
- 영양부추 1/3줌
  (또는 부추, 어린잎 채소 1줌, 20g)
- 달걀 1개
- 식용유 1작은술
- 소금 약간

명란젓 양념
- 저염 명란젓 1큰술
  (약 1/6개분, 10g)
- 다진 양파 1큰술
- 통깨 1/2작은술
- 고춧가루 1/2작은술
- 다진 마늘 1/2작은술
- 올리고당 1/2작은술
- 참기름 1/2작은술

1
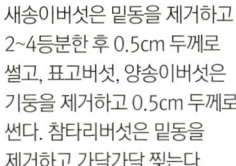
새송이버섯은 밑동을 제거하고 2~4등분한 후 0.5cm 두께로 썰고, 표고버섯, 양송이버섯은 기둥을 제거하고 0.5cm 두께로 썬다. 참타리버섯은 밑동을 제거하고 가닥가닥 찢는다.

2

영양부추는 1cm 길이로 썬다.

3

명란젓 양념의 명란젓은 칼로 길게 반을 가른 후 칼등으로 알만 발라낸다. 볼에 명란젓 양념 재료를 모두 넣어 섞는다.

4

달군 팬에 식용유를 두르고 달걀을 올려 중간 불에서 1분 30초간 반숙으로 익힌 후 접시에 덜어둔다. ★ 완숙으로 즐기려면 뒤집어 1분간 더 익힌다.

5

팬을 닦고 다시 달궈 기름을 두르지 않은 채 버섯, 소금을 넣고 센 불에서 2분간 볶는다.

6

그릇에 숙주밥을 담고 구운 버섯과 달걀프라이, 부추, 명란젓 양념을 올린다.

닭안심을 더해 더 든든하게 즐기기
닭안심 2쪽을 0.5cm 두께로 썬다. 과정 ⑤에 버섯과 함께 넣는다.

eGL	13
탄수화물 함량(g)	38
kcal	397

쪽파 닭안심 된장비빔밥

1
단백질이 풍부하고 지방 함량이 적어 다이어트에 효과적인 닭안심으로 만들었어요.

2
식이섬유가 풍부한 쪽파를 넣어 탄수화물의 소화와 흡수를 늦췄어요.

3
채소는 짧은 시간만 데쳐 영양소 손실도 줄이고 GL도 낮추세요.

 고단백

 혈관 건강

 피로 해소

 노화 방지

밥을 먹으면서 실천하는
Low GL **비빔밥**

🍚 추천 밥 : 양배추밥
🕐 20~25분

- 양배추밥 1공기(130g)
- 닭안심 4쪽
  (또는 닭가슴살 1쪽, 100g)
- 쪽파 10줄기
  (또는 부추 1과 1/2줌, 80g)
- 당근 1/8개(25g)
- 청주 1작은술
- 통깨 약간

양념
- 다진 양파 1큰술
- 물 1큰술
- 매실청 1/2큰술
- 된장 1/2큰술
  (집 된장의 경우 1작은술)
- 다진 마늘 1/4작은술
- 양조간장 1/2작은술
- 참기름 1작은술

1

채소 데칠 물(물 4컵 + 소금 1작은술)을 끓인다. 당근은 5cm 길이, 0.3cm 두께로 채 썬다.

2

쪽파는 뿌리 부분을 잘라 지저분한 겉껍질을 벗기고 깨끗이 씻은 후 5cm 길이로 썬다.

3

쪽파와 당근을 체에 밭쳐 ①의 끓는 물에 넣어 30초간 데친 후 그대로 찬물에 담가 식혀 물기를 꼭 짠다. 이때, 물은 계속 끓인다.

4

③의 끓는 물에 닭안심과 청주를 넣고 5분간 삶은 후 한 김 식혀 잘게 찢는다.

5

볼에 양념 재료와 쪽파, 당근, 닭안심을 함께 넣고 조물조물 무친다.

6

그릇에 양배추밥을 담고 ⑤를 올린 후 통깨를 뿌린다.

통조림 닭가슴살로 더 간편하게 즐기기
닭안심 삶는 과정을 생략하고 통조림 닭가슴살(작은 것, 90g)을 체에 밭쳐 뜨거운 물을 끼얹은 후 그대로 물기를 빼 사용한다.

eGL	13
탄수화물 함량(g)	33
kcal	263

콩나물 달걀비빔밥

1
식이섬유가 풍부한 콩나물을 듬뿍 넣어 탄수화물의 소화, 흡수를 더디게 하고 아삭한 식감을 살렸어요.

2
달걀로 단백질을 더하고 탄수화물 섭취를 줄여 GL을 낮췄어요.

 저염
뼈 건강
 피로 해소
노화 방지

밥을 먹으면서 실천하는
Low GL **비빔밥**

🍚 추천 밥 : 양배추밥
⏱ 15~20분

- 콩나물 1줌(또는 숙주, 50g)
- 달걀 1개
- 식용유 1작은술

양배추밥
- 현미밥 60g
- 양배추 2와 1/2장 다진 것(75g)
- 소금 약간

양념장
- 쪽파 1줄기(8g)
- 통깨 1/2작은술
- 고춧가루 1/2작은술
- 양조간장 1작은술
- 매실청 1/2작은술
- 참기름 1/2작은술

1
콩나물은 흐르는 물에 씻은 후 체에 밭쳐 물기를 빼고 2cm 길이로 썬다. 양념장 재료의 쪽파는 송송 썬다.

2
볼에 달걀을 넣고 가볍게 푼다. 다른 볼에 양념장 재료를 모두 넣어 섞는다.

3
달군 팬에 식용유를 두르고 달걀물을 넣어 중간 불에서 30초간 그대로 둔다. 젓가락으로 저어가며 30초간 익힌 후 접시에 덜어둔다.

4
내열 용기에 양배추밥 재료를 넣고 골고루 섞는다. 콩나물을 올린 후 뚜껑을 덮어 전자레인지(700W)에서 4분간 익힌다.

5
④에 달걀을 올리고 양념장을 곁들인다.

전자레인지 대신 냄비로 조리하기
과정 ④ 대신 냄비에 콩나물과 물 3큰술을 넣고 뚜껑을 덮어 센 불에서 30초간 끓인다. 김이 오르면 중간 불로 줄여 3분간 익힌 후 체에 밭쳐 물기를 빼고 밥에 올린다.

eGL	14
탄수화물 함량(g)	36
kcal	409

새싹 채소 돼지고기비빔밥

1
저지방 고단백의 돼지고기 안심을 써서 열량과 탄수화물 함량을 줄였어요.

2
비타민, 식이섬유가 풍부한 새싹 채소를 듬뿍 넣어 탄수화물의 소화, 흡수를 늦추고 포만감을 더했어요.

 고단백

 혈관 건강

 빈혈 예방

노화 방지

밥을 먹으면서 실천하는
Low GL **비빔밥**

🍚 추천 밥 : 숙주밥
⏱ 25~30분

- 숙주밥 1공기(140g)
- 돼지고기 안심(또는 등심, 100g)
- 새싹 채소 1줌(10g)
- 양파 1/10개(20g)
- 생강 1/2톨(마늘 크기, 약 3g)
- 식용유 1작은술
- 후춧가루 약간

양념
- 물 2작은술
- 청주 2작은술
- 올리고당 1과 1/2작은술
- 양조간장 1과 1/2작은술
- 소금 약간

1
돼지고기는 키친타월로 감싸 핏물을 제거하고 0.5cm 폭으로 썬다. 볼에 양념 재료와 돼지고기를 함께 넣고 버무려 10분간 재운다.

2
새싹 채소는 흐르는 물에 씻은 후 체에 밭쳐 물기를 뺀다.

3
양파는 0.5cm 폭으로 채 썬다. 찬물에 5분간 담가 매운맛을 제거하고 체에 밭쳐 물기를 뺀다.

4
생강은 숟가락으로 긁어 껍질을 벗기고 가늘게 채 썬다.

5
달군 팬에 식용유를 두르고 돼지고기를 넣어 중간 불에서 2분간 볶은 후 생강을 넣고 약한 불로 줄여 1분간 더 볶는다. 불을 끄고 후춧가루를 넣어 섞는다.

6
그릇에 숙주밥을 담고 ⑤와 새싹 채소, 양파를 올린다.

eGL	14
탄수화물 함량(g)	35
kcal	251

새우 해초비빔밥

1
새우로 단백질을, 해초와 어린잎 채소로 식이섬유를 더해 GL을 낮췄어요.

2
해초는 소화되면서 수분을 흡수해 부피가 커져 포만감을 주므로 다이어트에 효과적이에요.

3
식초로 맛을 내면 소금을 적게 넣어도 맛을 살려주고, 혈당 상승이 적어 Low GL 식사에 도움을 줘요.

고단백

뼈 건강

노화 방지

밥을 먹으면서 실천하는
Low GL **비빔밥**

- 추천 밥 : 무밥
- 25~30분

- 무밥 1공기(130g)
- 냉동 생새우살 5마리
  (킹사이즈, 75g)
- 모둠 해초 1/3봉
  (샐러드용, 100g)
- 양파 1/8개(25g)
- 어린잎 채소 1줌(20g)
- 통깨 으깬 것 1작은술

양념장
- 다진 마늘 1/4작은술
- 식초 2작은술
- 양조간장 1/2작은술
- 매실청(또는 올리고당)
  1과 1/2작은술
- 고추장 2작은술

1

냉동 생새우살은 찬물(2컵)에
10분간 담가 해동한 후
체에 밭쳐 물기를 뺀다.

2

볼에 모둠 해초와 잠길 정도의
물을 담고 5분간 둔다.
흐르는 물에 헹군 후
체에 밭쳐 물기를 뺀다.

3

양파는 가늘게 채 썬다.
생새우살은 반으로 저민다.
해초는 먹기 좋게 썰고,
볼에 양념 재료를 넣어 섞는다.

4

양파는 찬물에 5분간 담가
매운맛을 제거하고 체에 밭쳐
물기를 뺀다.

5

생새우살 데칠 물(2컵)을 끓인다.
어린잎 채소는 흐르는 물에
씻은 후 체에 밭쳐 물기를 뺀다.

6

⑤의 끓는 물에 생새우살을
넣고 1분간 데친 후 체에 밭쳐
물기를 뺀다. 그릇에 무밥을 담고
모든 재료를 올린 후 양념장을
곁들인다.

eGL	15
탄수화물 함량(g)	48
kcal	321

버섯 대파 고추장볶음 비빔밥

1 식이섬유가 풍부한 대파, 새싹 채소, 버섯을 듬뿍 넣어 만든 비빔밥이에요.

2 채소를 큼직하게 썰면 오래 씹을 수 있어 탄수화물의 소화 흡수를 늦출 수 있어요.

3 단백질이 부족할 수 있으니 두부밥을 곁들이는 것이 좋아요.

 혈관 건강

 대장 건강

 빈혈 예방

 뼈 건강

밥을 먹으면서 실천하는
Low GL | 비빔밥

- 추천 밥 : 두부밥
- 25~30분

- 두부밥 1공기(130g)
- 느타리버섯 3줌
  (또는 새송이버섯·참타리버섯·
  백만송이버섯, 150g)
- 대파(흰 부분) 15cm
- 대파(푸른 부분) 10cm 2대
- 새싹 채소 1줌(10g)
- 식용유 1작은술
- 통깨 약간
- 참기름 약간

양념
- 고추장 1큰술
- 다진 마늘 1/2작은술
- 맛술 1작은술
- 양조간장 1작은술
- 올리고당 1작은술

1
느타리버섯은 밑동을 제거하고 가닥가닥 찢는다. 대파는 4cm 길이로 썰고, 두꺼운 흰 부분은 길게 2등분한다.

2
볼에 양념 재료와 느타리버섯, 대파를 함께 넣고 골고루 버무려 10분간 재운다.

3
새싹 채소는 흐르는 물에 씻은 후 체에 밭쳐 물기를 뺀다.

4
달군 팬에 식용유를 두르고 ②를 넣어 중간 불에서 1분 30초간 볶은 후 센 불로 올려 30초간 볶는다. ★ 버섯은 수분이 빠지면 질겨지므로 재빨리 볶는다.

5
불을 끄고 통깨와 참기름을 넣어 골고루 버무린다.

6
그릇에 두부밥을 담고 ⑤와 새싹 채소를 올린다.

{ **통조림 닭가슴살을 더해 더 든든하게 즐기기**
통조림 닭가슴살(작은 것, 90g)을 체에 밭쳐 뜨거운 물을 끼얹는다.
그대로 물기를 빼고 과정 ④에 함께 넣는다. }

eGL	15
탄수화물 함량(g)	34
kcal	257

오이 새우비빔밥

1 오이는 껍질째 사용해 식이섬유 섭취량을 늘려 탄수화물의 소화와 흡수를 늦췄어요.

2 기름으로 재료를 볶으면 혈당을 천천히 올려 Low GL 식사에 도움을 줘요.

3 채소에 밑간을 하므로 양념장은 기호에 따라 소량만 넣어 비벼 드세요.

 고단백

 뼈 건강

 피로 해소

 노화 방지

밥을 먹으면서 실천하는
Low GL | 비빔밥

▽ 추천 밥 : 양배추밥
⏱ 30~35분

- 양배추밥 1공기(130g)
- 냉동 생새우살 5마리
  (킹사이즈, 75g)
- 오이 1/3개
  (또는 애호박 1/4개, 약 70g)
- 표고버섯 1개
  (또는 느타리버섯 1/2줌, 25g)
- 양파 1/8개(25g)
- 소금 1/3작은술
- 식용유 1/2작은술 + 1/2작은술
- 후춧가루 약간
- 고추장 1작은술
- 참기름 1/2작은술

1

냉동 생새우살은 찬물(2컵)에 10분간 담가 해동한 후 체에 밭쳐 물기를 뺀다.

2

오이는 길이로 2등분한 후 0.5cm 두께로 어슷 썬다.
표고버섯은 기둥을 제거하고 모양대로 얇게 썬다.
양파는 0.5cm 폭으로 채 썰고, 생새우살은 반으로 저민다.

3

볼에 오이, 소금을 넣고 버무려 10분간 절인다. 체에 밭쳐 찬물에 헹군 후 물기를 꼭 짠다.

4

달군 팬에 기름을 두르지 않은 채 오이를 넣어 중강 불에서 1분간 볶은 후 접시에 덜어둔다.

5

팬을 닦고 다시 달궈 식용유(1/2작은술)를 두른 후 표고버섯, 양파를 넣고 중간 불에서 1분 30초간 볶아 접시에 덜어둔다.

6

팬을 닦고 다시 달궈 식용유(1/2작은술)를 두른 후 생새우살을 넣어 중간 불에서 1분 30초간 볶는다. 불을 끄고 후춧가루를 넣어 섞는다.
그릇에 양배추밥을 담고 ④와 ⑤, 새우를 올린 후 고추장, 참기름을 곁들인다.

{ **달걀프라이를 더해 더 든든하게 즐기기** }
달군 팬에 식용유(1작은술)를 두르고 달걀을 올려 중간 불에서 1분 30초간 반숙으로 익혀 곁들인다. 완숙으로 즐기려면 뒤집어 1분간 더 익힌다.

eGL	19
탄수화물 함량(g)	39
kcal	288

오징어 데리야키비빔밥

1
단백질이 풍부한 오징어를 식이섬유가 풍부한 채소와 함께 볶아 밥과 비벼 먹는 메뉴예요.

2
오징어와 채소를 듬뿍 넣는 대신 밥의 양은 줄여 GL은 낮추고 포만감은 살렸어요.

3
다시마 물로 만든 소스로 감칠맛을 더하고 염도는 낮췄어요.

- 고단백
- 저염
- 피로 해소
- 노화 방지

밥을 먹으면서 실천하는
Low GL **비빔밥**

▽ 추천 밥 : 숙주밥
⏱ 25~30분

- 숙주밥 1공기(140g)
- 오징어 1/2마리(120g)
- 양파 1/4개(50g)
- 홍피망 1/4개
  (또는 파프리카 1/8개, 25g)
- 마늘 2쪽(10g)
- 대파(흰 부분) 10cm
- 깻잎 3장(6g)
- 식용유 1/2큰술

소스
- 다시마 물(또는 물) 3큰술
- 맛술 1/2큰술
- 양조간장 1작은술
- 올리고당 1/2작은술

1

오징어는 몸통을 길이로 반을 갈라 내장을 분리한 다음 다리에 붙은 내장을 잘라 버린다.

2

몸통 끝의 0.5cm를 잘라낸 후 손에 소금(약간)을 묻혀 껍질을 벗긴다. 흐르는 물에서 손가락으로 다리를 훑어가며 빨판의 이물질을 제거한다.

3

몸통 안쪽에 0.3cm 간격의 우물정(#)자로 칼집을 넣는다. 몸통, 귀는 길이로 2등분한 후 1cm 폭으로 썰고, 다리는 5cm 폭으로 썬다.

4

양파, 피망은 0.5cm 두께로 채 썰고, 마늘은 편으로 썬다. 대파는 5cm 길이로 썬 후 길이로 4등분한다. 깻잎은 돌돌 말아 가늘게 채 썬다.

5

팬에 마늘과 소스 재료를 넣고 센 불에서 끓기 시작하면 약한 불로 줄여 2분간 끓인 후 그릇에 덜어둔다. ★소스는 쉽게 타므로 불 세기에 주의한다.

6

팬을 닦고 다시 달궈 식용유를 두르고 양파, 대파를 넣어 중간 불에서 1분, 피망을 넣고 30초, 오징어를 넣어 1분 30초간 볶는다. 그릇에 숙주밥을 담고 모든 재료를 올린 후 소스를 곁들인다.

eGL	6
탄수화물 함량(g)	35
kcal	377

두부 상추비빔밥

1
두부를 큼직하게 썰어 구운 후 채소와 함께 비벼 먹는 메뉴예요.

2
구운 두부와 참기름은 혈당을 천천히 올리는데 도움이 되어 Low GL 메뉴로 좋아요.

▽ 추천 밥 : 두부밥
⏱ 20~25분

- 두부밥 1공기(130g)
- 두부 큰 팩 1/2모 (부침용, 150g)
- 상추 6장(60g)
- 양파 1/8개(25g)

양념
- 고춧가루 1/3작은술
- 다진 마늘 1/3작은술
- 양조간장 1작은술
- 된장 1/2작은술
- 올리고당 1작은술
- 참기름 1작은술
- 통깨 약간

1. 양파는 가늘게 채 썰고, 두부는 2등분한다. 상추는 길이로 2등분한 후 0.5cm 폭으로 썬다.

2. 양파는 찬물에 5분간 담가 매운맛을 제거하고 체에 밭쳐 물기를 뺀다.

3. 달군 팬에 두부를 올려 중간 불에서 4분간 돌려가며 구운 후 접시에 덜어둔다.

4. 볼에 양념 재료와 상추, 양파를 넣어 살살 무친다. 그릇에 두부밥을 담고 ③과 상추무침을 올린다.

- 고단백
- 저염
- 대장건강
- 노화방지

Low GL 볶음밥

일반 볶음밥 한 그릇
38 eGL
↓
Low GL 볶음밥
평균 13 eGL

- ☑ GL을 낮춰주는 기름에 볶는 조리법을 활용한 메뉴예요.
- ☑ 너무 오래 볶으면 탄수화물이 소화, 흡수되기 쉬운 상태가 되고 지방 산화물도 생길 수 있으니 조리 시간을 준수해 요리하세요.
- ☑ Low GL 밥을 각종 채소, 단백질 식품과 함께 볶아 향이 좋고 아이들도 잘 먹는답니다.
- ☑ Low GL 기본 샐러드와 드레싱(041쪽)을 곁들이면 더 균형잡힌 한 끼를 즐길 수 있습니다.

eGL	3
탄수화물 함량(g)	32
kcal	374

두부 김치볶음밥

1
김치의 염도를 줄이기 위해 양념을 최대한 털어내고 사용했어요.

2
단백질이 풍부한 두부를 듬뿍 넣어 탄수화물 함량을 줄였어요.

3
불포화지방이 함유된 참기름으로 양념하면 GL을 낮추는 데 도움을 줘요.

- 고단백
- 혈관건강
- 대장건강
- 빈혈예방

밥을 먹으면서 실천하는
Low GL **볶음밥**

▽ 추천 밥 : 두부밥
⏱ 15~20분

- 두부밥 1공기(130g)
- 두부 큰 팩 1/3모(부침용, 100g)
- 배추김치 2/3컵(100g)
- 대파 15cm
- 조미 김(A4 용지 크기) 1/2장
- 고추기름 2작은술
- 다진 마늘 1작은술
- 양조간장 1작은술
- 후춧가루 약간

양념
- 소금 1/4작은술
- 참기름 1/2작은술

1
배추김치는 속을 털어낸 후 1×1cm 크기로 썰고, 대파는 송송 썬다.

2
조미 김은 위생팩에 넣어 잘게 부순다.

3
두부는 칼 옆면으로 으깬 후 면포로 감싸 물기를 꼭 짠다. 볼에 양념 재료와 함께 넣고 잘 섞는다.

4
달군 팬에 고추기름을 두르고 다진 마늘, 대파를 넣어 중간 불에서 30초간 볶는다.

5
배추김치를 넣어 중간 불에서 2분, 두부를 넣어 1분 30초간 볶는다. 두부밥, 양조간장, 후춧가루를 넣고 2분간 더 볶는다.

6
그릇에 ⑤를 담고 ②의 조미 김을 올린다.

eGL	9
탄수화물 함량(g)	33
kcal	372

참나물 치킨 달걀볶음밥

1
저지방 고단백의 닭가슴살과 달걀을 넣어 탄수화물 함량을 줄였어요.

2
식이섬유가 풍부한 참나물을 사용해 탄수화물의 소화, 흡수를 늦추고 포만감을 더했어요.

3
참나물은 단시간 볶아 향은 살리고 영양소 파괴와 흡수율을 줄이세요.

고단백

뼈 건강

노화 방지

밥을 먹으면서 실천하는
Low GL **볶음밥**

▽ 추천 밥 : 숙주밥
⏱ 25~30분

- 숙주밥 1공기(140g)
- 닭가슴살 1/2쪽
  (또는 닭안심 2쪽, 50g)
- 참나물 1줌(또는 시금치, 50g)
- 양파 1/8개(25g)
- 조미 김(A4 용지 크기) 1/2장
- 달걀 1개
- 소금 약간
- 식용유 1작은술 + 1작은술
- 후춧가루 약간

밑간
- 청주 1작은술
- 소금 약간
- 후춧가루 약간

1

닭가슴살은 모양대로 반으로 저민 후 사방 1cm로 썬다. 볼에 밑간 재료와 닭가슴살을 함께 넣고 버무려 10분간 재운다.

2

참나물은 지저분한 잎을 제거하고 흐르는 물에 씻은 후 2cm 길이로 썬다.
양파는 1.5×1.5cm 크기로 썰고, 조미 김은 위생팩에 넣어 잘게 부순다.

3

볼에 달걀과 소금을 넣어 가볍게 푼다.

4

달군 팬에 식용유(1작은술)를 두르고 달걀물을 넣어 중간 불에서 30초간 그대로 둔다. 젓가락으로 저어가며 30초간 익힌 후 접시에 덜어둔다.

5

달군 팬에 식용유(1작은술)를 두르고 양파, 후춧가루를 넣어 중간 불에서 1분, 닭가슴살을 넣고 중간 불에서 2분간 볶는다.

6

숙주밥과 소금을 넣고 1분, 참나물을 넣어 30초간 더 볶는다. 불을 끄고 조미 김, ④를 넣어 골고루 섞는다.

eGL	10
탄수화물 함량(g)	38
kcal	343

우엉 두부볶음밥

1
단백질이 풍부한 두부를 사용해 탄수화물 함량을 줄였어요.

2
불포화지방이 함유된 들기름을 사용해 영양을 높이고 혈당이 빠르게 올라가지 않아요.

 고단백
 저염
 혈관 건강
 빈혈 예방

밥을 먹으면서 실천하는
Low GL **볶음밥**

▽ 추천 밥 : 두부밥
⏱ 25~30분

- 두부밥 1공기(130g)
- 두부 큰 팩 1/3모(부침용, 100g)
- 우엉 지름 2cm, 길이 10cm 2개(50g)
- 당근 1/8개(25g)
- 양파 1/8개(25g)
- 소금 약간 + 약간
- 들기름 1작은술
- 식용유 1작은술
- 양조간장 1작은술
- 물 3큰술

1

우엉과 당근은 필러로 껍질을 벗긴 후 사방 0.5cm 크기로 썬다. 양파는 0.5×0.5cm 크기로 썰고, 두부는 사방 1.5cm 크기로 썬다.

2

달군 팬에 기름을 두르지 않은 채 두부를 넣고 소금(약간)을 골고루 뿌린 후 중약 불에서 3분간 뒤집어가며 노릇하게 굽는다. 접시에 덜어둔다.

3

달군 팬에 들기름과 식용유를 두르고 우엉, 당근을 넣어 중약 불에서 3분, 양조간장과 물을 넣고 2분간 볶는다.

4

두부밥, 양파, 소금(약간)을 넣고 중약 불에서 2분간 볶은 후 ②를 넣어 가볍게 섞는다.

5

그릇에 담는다.

두부를 닭가슴살로 대체해 다양하게 즐기기
과정 ②를 생략한다. 닭가슴살 1/2쪽을 사방 0.5cm 크기로 썬다. 과정 ④에서 먼저 닭가슴살을 넣고 1분 30초간 볶은 후 두부밥, 양파, 소금과 넣고 볶는다.

eGL	11
탄수화물 함량(g)	40
kcal	416

닭안심 카레볶음밥

1 저지방 고단백의 닭안심을 넣어 열량과 탄수화물 함량을 줄였어요.

2 감칠맛이 있는 방울토마토를 넣는 대신 다른 양념을 적게 넣어 나트륨 섭취량을 줄였어요.

3 식이섬유가 풍부한 방울토마토와 함께 먹으면 GL을 낮춰줘요.

- 고단백
- 혈관건강
- 대장건강
- 피로해소

밥을 먹으면서 실천하는
Low GL **볶음밥**

▽ 추천 밥 : 숙주밥
⏲ 20~25분

- 숙주밥 1공기(140g)
- 닭안심 4쪽(또는 닭가슴살 1쪽·냉동 생새우살 6마리, 100g)
- 방울토마토 4개(80g)
- 청피망 1/2개(50g)
- 양파 1/4개(50g)
- 식용유 1작은술

밑간
- 소금 1/4작은술
- 청주 1작은술
- 후춧가루 약간

양념
- 물 1과 1/2큰술
- 카레가루 2작은술
- 양조간장 1/2작은술
- 올리고당 1/2작은술

1
닭안심은 사방 1.5cm 크기로 썬다. 볼에 밑간 재료와 닭안심을 넣고 버무려 10분간 재운다.

2
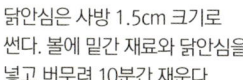
방울토마토는 2등분하고, 피망과 양파는 1×1cm 크기로 썬다. 볼에 양념 재료를 넣어 섞는다.

3
달군 팬에 식용유를 두르고 양파를 넣어 중간 불에서 2분, 닭안심을 넣고 1분 30초간 볶는다.

4

숙주밥을 넣어 중간 불에서 1분, 양념을 넣고 1분간 볶은 후 방울토마토, 피망을 넣고 1분간 더 볶는다.

5

그릇에 담는다.

덮밥으로 색다르게 즐기기
과정 ④에서 숙주밥을 생략하고 양념과 물 1/2컵을 더한다. 피망과 방울토마토를 넣고 1분간 끓인다. 그릇에 숙주밥을 담고 덮밥 소스를 올린다.

eGL	13
탄수화물 함량(g)	37
kcal	324

쇠고기 오이볶음밥

1
오이는 껍질째 사용해 식이섬유 섭취량을 늘려 탄수화물의 소화와 흡수를 늦췄어요.

2
쇠고기는 기름기가 적은 부위를 사용했어요.

3
기름으로 재료를 볶으면 혈당을 천천히 올려 Low GL 식사에 도움을 줘요.

 고단백
 혈관 건강
 대장 건강
 빈혈 예방

밥을 먹으면서 실천하는
Low GL **볶음밥**

🍚 **추천 밥 : 새송이버섯밥**
⏱ **20~25분**

- 새송이버섯밥 1공기
- 쇠고기 잡채용
  (또는 불고기용) 100g
- 오이 1/2개(100g)
- 양파 1/8개(25g)
- 청양고추(또는 풋고추) 1개
- 식용유 1작은술
- 다진 마늘 1/2작은술
- 올리고당 1/2작은술
- 양조간장 2작은술
- 통깨 약간

밑간
- 청주 1작은술
- 소금 약간
- 후춧가루 약간
- 참기름 약간

1 쇠고기는 키친타월로 감싸 핏물을 제거한다. 볼에 밑간 재료와 쇠고기를 넣고 버무려 10분간 재운다.

2 오이는 소금으로 문질러 흐르는 물에 씻고 칼로 튀어나온 돌기를 제거한다.

3 오이는 사방 0.5cm, 양파는 0.5×0.5cm 크기로 썰고, 청양고추는 송송 썬다.

4 달군 팬에 식용유를 두르고 다진 마늘, 양파를 넣어 중간 불에서 1분간 볶는다.

5 쇠고기를 넣어 중간 불에서 1분, 새송이버섯밥, 오이, 청양고추, 올리고당, 양조간장을 넣어 1분 30초간 볶는다.

6 그릇에 담고 통깨를 뿌린다.

eGL	14
탄수화물 함량(g)	33
kcal	299

새우 브로콜리볶음밥

1 식이섬유가 풍부한 브로콜리를 탄수화물과 함께 먹으면 GL을 낮춰줘요.

2 브로콜리는 큼직하게 썰고 살짝 데쳐 오래 꼭꼭 씹어 먹는 것이 Low GL 식사에 효과적이에요.

3 단백질이 풍부한 새우로 영양을 더하고 GL을 낮췄어요.

고단백

빈혈 예방

뼈 건강

노화 방지

밥을 먹으면서 실천하는
Low GL **볶음밥**

- 추천 밥 : 무밥
- 20~25분

- 무밥 1공기(130g)
- 냉동 생새우살 6마리
  (킹사이즈, 90g)
- 브로콜리 1/3송이
  (혹은 애호박, 1/3개, 100g)
- 대파(흰 부분) 10cm
- 식용유 2작은술
- 소금 1/4작은술

밑간
- 청주 1작은술
- 양조간장 1작은술
- 후춧가루 약간

1

냉동 생새우살은 찬물(2컵)에 10분간 담가 해동한 후 체에 밭쳐 물기를 뺀다. 생새우살은 3~4등분한 후 밑간 재료에 버무려 10분간 재운다.

2

냄비에 브로콜리 데칠 물(물 3컵 + 소금 1작은술)을 끓인다. 브로콜리는 사방 1.5cm 크기로 썰고, 대파는 송송 썬다.

3

②의 끓는 물에 브로콜리를 넣어 30초간 데친 후 찬물에 헹궈 체에 밭쳐 물기를 뺀다.

4

달군 팬에 식용유를 두르고 대파를 넣어 중간 불에서 1분, 무밥과 소금을 넣어 1분간 볶는다.

5

생새우살, 브로콜리를 넣고 중간 불에서 1분 30초간 더 볶는다.

6

그릇에 담는다.

eGL	15
탄수화물 함량(g)	37
kcal	232

곤약볶음밥

1 식이섬유와 수분이 풍부하고 저열량 식품으로 포만감이 큰 곤약을 넣어 탄수화물 함량을 줄였어요.

2 샐러드를 곁들여 채소 섭취량을 늘리면 탄수화물의 소화와 흡수를 더 늦출 수 있어요.

 뼈 건강

 피로 해소

 노화 방지

밥을 먹으면서 실천하는
Low GL **볶음밥**

▽ 추천 밥 : 무밥
🕐 20~25분

- 무밥 1공기
- 묵곤약 80g
- 피망 1/2개
  (또는 양파 1/4개,
  파프리카 1/4개 등, 50g)
- 양송이버섯 3개
  (또는 표고버섯 2와 1/2개,
  새송이버섯 3/4개 등, 60g)
- 달걀 1개
- 소금 약간
- 식용유 1/2작은술

양념
- 물 1큰술
- 올리고당 1작은술
- 양조간장 1작은술

1

냄비에 묵곤약 데칠 물(2컵)을 끓인다. 묵곤약은 사방 1cm 크기로, 피망은 1×1cm 크기로 썬다. 양송이버섯은 기둥을 제거하고 사방 1cm 크기로 썬다.

2

①의 끓는 물에 묵곤약을 넣고 1분간 데친 후 체에 밭쳐 물기를 뺀다.

3

볼에 달걀을 푼 다음 소금을 넣고 섞는다. 다른 볼에 양념 재료를 모두 넣어 섞는다.

4

달군 팬에 묵곤약과 양념을 넣어 중약 불에서 2분간 볶는다.

5

식용유, 피망, 양송이버섯, 무밥을 넣고 센 불로 올려 1분간 볶은 후 ③의 달걀물을 넣고 1분간 더 볶는다.

6

그릇에 담는다.
* 어린잎 채소 샐러드를 곁들여도 좋다.

eGL	16
탄수화물 함량(g)	39
kcal	340

치즈소스 버섯 오므라이스

1
식이섬유가 풍부한 버섯과 각종 채소를 듬뿍 넣어 탄수화물의 소화, 흡수를 늦췄어요.

2
치즈소스는 저지방 우유로 만들어 열량을 줄였어요.

3
달걀로 단백질을 더하고 탄수화물과 지방의 균형을 맞춰 GL을 낮췄어요.

고단백

뼈 건강

노화 방지

밥을 먹으면서 실천하는
Low GL **볶음밥**

▽ 추천 밥 : 숙주밥
⏱ 20~25분

- 숙주밥 1공기(140g)
- 양송이버섯 3개(60g)
- 양파 1/8개(25g)
- 피망 1/4개
  (또는 파프리카 1/8개, 25g)
- 달걀 1개
- 식용유 1작은술 + 1작은술
- 소금 약간 + 약간
- 통후추 간 것 약간

치즈소스
- 저지방 우유 1/3컵(70㎖)
- 슬라이스 치즈 1장
- 파마산 치즈 가루 1/2작은술
  (또는 소금 약간)
- 통후추 간 것 약간

1
양송이버섯은 기둥을 제거하고 사방 1cm 크기로, 양파, 피망은 1×1cm 크기로 썬다.

2
볼에 달걀과 소금(약간)을 넣어 가볍게 푼다.

3
달군 팬에 식용유(1작은술)를 두르고 키친타월로 닦아낸 다음 달걀물을 붓고 약한 불에서 1분간 익힌 후 뒤집어 30초간 익혀 접시에 덜어둔다.

4
팬을 닦고 다시 달궈 식용유를(1작은술)를 두르고 양파를 넣어 30초, 양송이버섯, 피망을 넣어 1분간 볶는다.

5
숙주밥, 소금(약간), 통후추 간 것을 넣어 1분 30초간 볶는다.

6
냄비에 치즈소스 재료를 넣어 중간 불에서 끓어오르면 약한 불로 줄여 저어가며 1분간 끓인다. 그릇에 ③의 지단을 깔고 ⑤를 올린 후 지단을 반으로 접어 감싼 후 치즈 소스를 곁들인다.

eGL	19
탄수화물 함량(g)	41
kcal	321

칠리소스 오징어볶음밥

1
감칠맛이 있는 방울토마토를 넣는 대신 양념을 적게 해 나트륨 섭취량을 줄였어요.

2
단백질이 풍부한 오징어를 적당량의 기름을 넣어 볶아 GL은 낮추고 포만감은 높였어요.

3
당분이 많은 시판 칠리소스 대신 단맛을 줄인 홈메이드 칠리소스를 활용해 GL을 낮췄어요.

고단백

노화 방지

밥을 먹으면서 실천하는
Low GL **볶음밥**

▽ 추천 밥 : 숙주밥
⏱ 25~30분

- 숙주밥 1공기(140g)
- 오징어 1/2마리(120g)
- 방울토마토 6개(90g)
- 양파 1/4개(50g)
- 깻잎 5장(10g)
- 소금 약간
- 식용유 1작은술

칠리소스
- 다진 마늘 1작은술
- 맛술 1작은술
- 식초 1작은술
- 양조간장 1작은술
- 하프 토마토케첩 2작은술
- 올리고당 1작은술
- 고추장 1과 1/2작은술
- 후춧가루 약간

1

방울토마토는 꼭지를 떼고 4등분한 후 볼에 소금과 함께 넣고 버무린다. ★ 이때 생긴 물은 버린다.

2

양파는 1×1cm 크기로 썰고, 깻잎은 길이대로 2등분한 후 0.5cm 폭으로 썬다. 작은 볼에 칠리소스 재료를 모두 넣어 섞는다.

3

오징어는 몸통을 길이로 반을 갈라 내장을 분리한 다음 다리에 붙은 내장을 잘라 버린다. 몸통 끝의 0.5cm를 잘라낸 후 손에 소금(약간)을 묻혀 껍질을 벗긴다.

4

흐르는 물에서 손가락으로 다리를 훑어가며 빨판의 이물질을 제거한다. 오징어 몸통은 길이로 2등분한 후 0.5cm 폭으로 썰고, 다리는 4cm 길이로 썬다.

5

달군 팬에 식용유를 두르고 양파를 넣어 중간 불에서 1분, 오징어를 넣어 센 불에서 30초간 볶는다. 중약 불로 줄인 후 칠리소스를 넣어 2분간 볶는다.

6

숙주밥과 방울토마토를 넣어 1분 30초간 볶는다. 그릇에 담고 깻잎을 올린다.

eGL	19
탄수화물 함량(g)	40
kcal	304

1 양파를 볶지 않고 샐러드로 만들어 볶음밥과 함께 먹는 메뉴예요.

2 생채소는 혈당이 빨리 오르는 것을 막아 GL을 낮추지요.

3 단백질이 풍부한 참치를 넣어 영양을 높이고 GL은 낮췄어요.

고단백
저염
빈혈 예방
뼈 건강

양파샐러드를 올린 참치볶음밥

🍚 추천 밥 : 숙주밥
⏱ 20~25분

- 숙주밥 1공기(140g)
- 통조림 마일드 참치 1캔 (작은 것, 100g)
- 양파 1/2개(100g)
- 식용유 1작은술

양념
- 청주 1작은술
- 양조간장 1/2작은술
- 올리고당 1/2작은술
- 후춧가루 약간

양파드레싱
- 식초 1작은술
- 양조간장 1/2작은술
- 하프 마요네즈 2작은술
- 올리고당 1/2작은술
- 통깨 약간

1 참치는 체에 밭쳐 기름기를 뺀다. 볼에 양념 재료를 모두 넣어 섞는다.

2 양파 1/2분량은 0.5cm 폭으로 채 썰고, 1/2분량은 가늘게 채 썬다. 가늘게 채 썬 양파는 찬물에 5분간 담가 매운맛을 제거하고 체에 밭쳐 물기를 뺀다.

3 볼에 양파드레싱 재료와 가늘게 채 썬 양파를 넣어 가볍게 무친다.

4 달군 팬에 식용유를 두르고 나머지 양파를 넣어 중간 불에서 1분 30초, 숙주밥과 양념을 넣어 2분, 참치를 넣어 1분간 더 볶는다. 그릇에 담고 ③을 올린다.

일반 덮밥보다 염도를 줄여 가벼운 Low GL 덮밥

일반 덮밥 한 그릇의 나트륨 함량
1,480mg
↓
Low GL 덮밥 나트륨 함량
평균 750mg

- ☑ 나트륨 함량이 높아 Low GL 식사를 방해하는 덮밥 소스의 염도를 낮춰 개발한 메뉴예요.

- ☑ 재료를 큼직하게 썰면 오래 씹을 수 있어 탄수화물의 소화, 흡수를 늦출 수 있지요.

- ☑ 재료를 너무 오래 끓이지 않도록 주의하세요. 푹 익으면 탄수화물의 소화, 흡수가 빨라지고 채소의 아삭한 식감도 없어져 씹는 맛이 사라진답니다.

- ☑ 처음에는 간이 슴슴하다고 느낄 수 있어요. 하지만 계속 먹다 보면 점점 간이 입에 딱 맞을 거예요. 짠 음식은 Low GL 식사뿐만 아니라 다이어트도 방해하는 요소이므로 저염식에 익숙해지도록 노력해보세요.

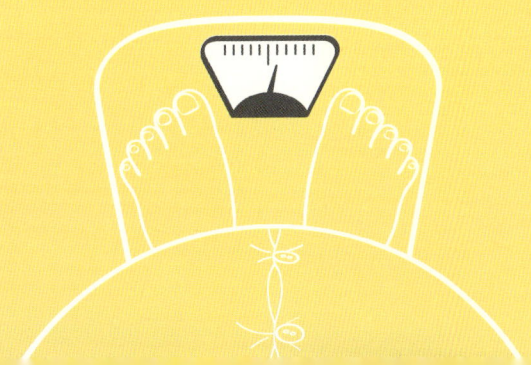

eGL	5
탄수화물 함량(g)	34
kcal	386

청경채 두부구이덮밥

1
구운 두부와 청경채, 양파를 조려 밥에 올려 먹는 메뉴예요.

2
단백질이 풍부한 두부와 식이섬유가 풍부한 채소를 듬뿍 넣어 탄수화물 함량을 줄였지요.

3
기름으로 재료를 볶으면 혈당을 천천히 올리는데 도움을 줘 Low GL 식사법으로 좋아요.

- 고단백
- 저염
- 혈관 건강
- 대장 건강

밥을 먹으면서 실천하는
Low GL **덮밥**

🥣 추천 밥 : 두부밥
⏱ 25~30분

- 두부밥 1공기(130g)
- 두부 큰 팩 1/2모(부침용, 150g)
- 청경채 3개
  (또는 시금치 2줌, 120g)
- 양파 1/8개(25g)
- 식용유 1작은술

양념
- 물 5큰술
- 된장 1큰술
- 다진 마늘 1/2작은술
- 양조간장 2/3작은술
- 올리고당 1작은술
- 참기름 1/2작은술

1 두부는 3×5×1cm 크기로 썬 후 키친타월에 올려 물기를 제거한다.

2 청경채는 밑동을 제거하고 2cm 길이로 썰어 줄기와 잎은 따로 둔다. 양파는 2×2cm 크기로 썬다. 볼에 양념 재료를 모두 넣어 섞는다.

3 달군 팬에 기름을 두르지 않은 채 두부를 올려 중간 불에서 앞뒤로 각각 1분 30초씩 구워 접시에 덜어둔다.

4 팬을 다시 달궈 식용유를 두르고 청경채 줄기, 양파를 넣어 중간 불에서 1분 30초간 볶는다.

5 두부, 청경채 잎, ②의 양념을 넣고 끓어오르면 약한 불로 줄인 후 두부를 뒤집어가며 2분간 조린다.

6 그릇에 두부밥을 담고 ⑤를 올린다.

eGL	6
탄수화물 함량(g)	41
kcal	431

마파두부 양파 버섯덮밥

1
단백질이 풍부한 두부를 사용해 탄수화물 함량을 줄였어요.

2
식이섬유와 칼륨이 풍부한 양파, 버섯을 넉넉히 넣어 포만감을 높이면서 나트륨 배출도 도와요.

3
기름으로 재료를 볶으면 혈당을 천천히 올리는데 도움을 줘 Low GL 식사법으로 좋아요.

- 고단백
- 혈관 건강
- 대장 건강
- 빈혈 예방

밥을 먹으면서 실천하는
Low GL 덮밥

▽ 추천 밥 : 두부밥
⏱ 20~25분

- 두부밥 1공기(130g)
- 두부 큰 팩 1/2모(부침용, 150g)
- 표고버섯 2개
  (또는 새송이버섯 2/3개,
  양송이버섯 2와 1/2개, 50g)
- 양파 1/4개(50g)
- 대파(흰 부분) 10cm
- 풋고추(또는 홍고추) 1/2개
- 물 2큰술 + 1/2컵(100㎖)
- 식용유 1작은술
- 다진 마늘 1/2큰술
- 국간장 1/2작은술
- 참기름 1/2작은술

양념
- 고춧가루 1/2큰술
- 된장 1/2큰술
- 양조간장 1작은술
- 고추장 1작은술

1

두부와 표고버섯은 사방 1.5cm 크기로 썬다. 양파는 1×1cm 크기로 썰고, 대파와 고추는 송송 썬다. 볼에 양념 재료를 모두 넣어 섞는다.

2

달군 팬에 식용유를 두르고 다진 마늘, 대파를 넣어 중약 불에서 30초, 양파를 넣고 3분간 볶는다.

3

두부, 표고버섯, 물(2큰술)을 넣어 2분, ①의 양념을 넣고 중간 불에서 1분간 볶는다.

4

물(1/2컵)을 넣어 끓어오르면 풋고추, 국간장을 넣고 1분간 끓인다.

5

그릇에 두부밥을 담고 ④를 올린 후 참기름을 두른다.

eGL	12
탄수화물 함량(g)	38
kcal	297

김치 치즈덮밥

1
치즈로 고소한 맛을,
버섯으로 쫄깃한 식감을
더한 메뉴예요.

2
김치의 염도를 낮추기
위해 양념을 씻어
사용했어요.

 고단백

 혈관 건강

 대장 건강

뼈 건강

밥을 먹으면서 실천하는
Low GL 덮밥

◇ 추천 밥 : 두부밥
⏱ 10~15분

- 두부밥 1공기(130g)
- 익은 배추김치 1/2컵(75g)
- 애느타리버섯 1줌
  (또는 표고버섯 2개·
  새송이버섯 약 2/3개, 50g)
- 슬라이스 치즈 1장

양념
- 통깨 1/2작은술
- 올리고당 1작은술
- 참기름 1작은술

1. 배추김치는 흐르는 물에 양념을 씻어낸 후 손으로 물기를 꼭 짠다.

2. 배추김치는 1×1cm 크기로 썬 후 볼에 양념 재료와 함께 넣어 버무린다.

3. 애느타리버섯은 밑동을 제거한 후 가닥가닥 찢는다.

4. 내열 용기에 두부밥을 담고 배추김치, 애느타리버섯, 슬라이스 치즈를 올린 후 뚜껑을 덮어 전자레인지(700W)에서 2분간 익힌다.

전자레인지 대신 팬으로 조리하기
과정 ④를 생략하고 달군 팬에 참기름 1/2작은술을 두른 후 배추김치, 애느타리버섯, 현미밥을 넣고 중간불에서 1분간 볶는다. 슬라이스 치즈를 올린 후 뚜껑을 덮고 약한 불로 줄여 1분간 익힌다.

eGL	12
탄수화물 함량(g)	38
kcal	408

닭고기 우엉덮밥

1
저지방 고단백의 닭가슴살을 써서 열량과 탄수화물 함량을 줄였어요.

2
우엉을 큼직하게 썰어 꼭꼭 오래 씹어 먹으면 혈당 부하를 줄이는 데 도움이 돼요.

 고단백

 저염

 혈관 건강

 노화 방지

밥을 먹으면서 실천하는
Low GL **덮밥**

🍚 추천 밥 : 무밥
⏱ 25~30분

- 무밥 1공기(130g)
- 닭가슴살 1쪽
  (또는 닭안심 4쪽, 100g)
- 우엉 지름 2cm, 길이 10cm
  2개(50g)
- 대파(흰 부분)10cm
- 식용유 1작은술
- 물 1/2컵(100㎖)
- 참기름 1/2작은술

양념
- 다진 마늘 1/2작은술
- 맛술 1작은술
- 올리고당 1/3작은술
- 양조간장 2작은술
- 후춧가루 약간

1
닭가슴살은 모양대로 반으로 저민 후 1cm 두께로 썬다. 볼에 양념 재료와 함께 넣고 버무려 10분간 재운다.

2
우엉은 필러로 껍질을 벗긴 후 0.3cm 두께로 어슷하게 썬다.

3
대파는 5cm 길이로 채 썬다. 찬물에 5분간 담가 매운맛을 제거하고 체에 밭쳐 물기를 뺀다.

4
달군 팬에 식용유를 두르고 우엉과 대파 1/2분량을 넣어 중약 불에서 2분간 볶는다.

5
닭가슴살을 넣고 중약 불에서 2분간 볶은 후 물을 넣고 센 불에서 끓기 시작하면 중간 불로 줄여 3분간 끓인다.
★ 물을 조금씩 넣어가며 2~3분간 더 볶으면 우엉의 식감이 더 부드러워진다.

6
그릇에 무밥을 담고 ⑤와 나머지 대파 채를 올린 후 참기름을 두른다.

eGL	12
탄수화물 함량(g)	36
kcal	366

쇠고기 배추볶음 덮밥

1 단백질이 풍부한 쇠고기와 식이섬유가 풍부한 배추를 듬뿍 넣어 탄수화물 함량을 줄였어요.

2 기름으로 재료를 볶으면 혈당을 천천히 올리는데 도움을 줘 Low GL 식사법으로 좋아요.

 고단백

 혈관 건강

 빈혈 예방

피로 해소

밥을 먹으면서 실천하는
Low GL **덮밥**

🍚 추천 밥 : 숙주밥
⏱ 20~25분

- 숙주밥 1공기(140g)
- 쇠고기 불고기용
  (또는 샤부샤부용) 100g
- 알배기배춧잎 3장(90g)
- 대파(흰 부분) 10cm
- 식용유 1작은술

양념
- 다진 마늘 1/2작은술
- 맛술 2작은술
- 양조간장 2작은술
- 올리고당 1작은술
- 참기름 1작은술
- 후춧가루 약간

1

쇠고기는 키친타월로 감싸 핏물을 제거하고 2cm 폭으로 썬다. 볼에 양념 재료를 모두 넣어 섞는다. 다른 볼에 양념 1/2분량, 쇠고기를 넣고 버무려 10분간 재운다.

2

알배기배춧잎 줄기 부분은 0.3cm 폭으로 썰고, 잎 부분은 1cm 폭으로 썬다. 대파는 어슷 썬다.

3

달군 팬에 식용유를 두르고 대파, 배추 줄기 부분을 넣어 중간 불에서 1분, 양념 1/2분량을 넣어 30초간 볶는다.

4

쇠고기를 넣어 중간 불에서 2분, 배추 잎 부분을 넣고 중간 불에서 1분간 더 볶는다.

5

그릇에 숙주밥을 담고 ④를 올린다.

eGL	13
탄수화물 함량(g)	36
kcal	302

돼지고기 숙주덮밥

1
저지방 고단백의 돼지고기 안심살을 넣어 열량과 탄수화물 함량을 줄였어요.

2
비타민 B가 풍부한 돼지고기는 피로 해소에 도움을 줘요.

3
식이섬유가 풍부한 숙주를 넣어 탄수화물의 소화, 흡수를 늦추고 아삭한 식감은 살렸어요.

- 저염
- 혈관 건강
- 피로 해소
- 노화 방지

밥을 먹으면서 실천하는
Low GL 덮밥

🍚 추천 밥 : 숙주밥
⏱ 20~25분

- 숙주밥 1공기(140g)
- 돼지고기 안심 50g
  (또는 돼지고기 등심·닭가슴살
  1/2쪽·닭안심 2쪽)
- 숙주 1/2줌(25g)
- 양파 1/8개(25g)
- 홍고추(또는 풋고추) 1개
- 시금치 1/2줌
  (또는 근대, 25g)
- 식용유 1작은술

밑간
- 다진 마늘 1작은술
- 청주 1큰술
- 된장 1작은술
  (집 된장의 경우 2/3작은술)
- 올리고당 1작은술
- 후춧가루 약간

양념
- 물 1/2컵(100㎖)
- 된장 1작은술

1
돼지고기는 5cm 길이, 0.5cm 두께로 썬다. 볼에 밑간 재료와 돼지고기를 함께 넣고 버무려 10분간 재운다.

2
양파는 0.5cm 두께로 채 썰고, 홍고추는 송송 썬다. 시금치는 2등분한다. 숙주는 흐르는 물에 씻은 후 체에 밭쳐 물기를 뺀다. 볼에 양념 재료를 넣어 섞는다.

3
달군 팬에 식용유를 두르고 돼지고기를 넣어 중약 불에서 2분간 볶는다.

4
양파와 홍고추를 넣고 1분간 볶는다.

5
숙주, 시금치, 양념을 넣고 센 불로 올려 1분간 볶는다.

6
그릇에 숙주밥을 담고 ⑤를 올린다.

{ 돼지고기 대신 통조림 닭가슴살로 대체해 더 간편하게 즐기기
돼지고기 안심 대신 통조림 닭가슴살 1/2캔(작은 것, 45g)을 체에 밭쳐
뜨거운 물을 끼얹은 후 그대로 물기를 빼 사용한다. }

eGL	13
탄수화물 함량(g)	45
kcal	301

모둠 채소덮밥

1
브로콜리, 버섯, 당근 등 각종 채소를 듬뿍 넣어 식이섬유가 풍부해 혈당을 천천히 올려요.

2
채소를 큼직하게 썰어 꼭꼭 씹어 먹으면 GL을 낮추는 데 도움이 돼요.

저염

혈관
건강

대장
건강

피로
해소

밥을 먹으면서 실천하는
Low GL 덮밥

🍚 추천 밥 : 두부밥
🕐 20~25분

- 두부밥 1공기(130g)
- 브로콜리 70g(약 1/4개)
- 미니새송이버섯 1컵
  (또는 새송이버섯 1/2개, 약 70g)
- 당근 1/4개(50g)
- 식용유 1작은술
- 통깨 약간
- 참기름 약간

양념
- 물 1/3컵(75㎖)
- 양조간장 1/2큰술
- 올리고당 1/2큰술
- 다진 마늘 1/2작은술

1

브로콜리 송이는 사방 1.5cm 크기로 썰고, 줄기와 당근은 사방 1.5cm 크기로 썬다. 미니새송이버섯은 크기에 따라 2~4등분한다.

2

볼에 양념 재료를 모두 넣어 섞는다.

3
달군 냄비에 식용유를 두르고 브로콜리 줄기, 당근, 미니새송이버섯을 넣어 중간 불에서 2분간 볶는다.

4

양념을 넣고 센 불에서 끓어오르면 약한 불로 줄이고 3분간 저어가며 조린다.

5

브로콜리 송이를 넣고 저어가며 2분간 더 조린다. 불을 끄고 통깨, 참기름을 넣어 섞는다.

6

그릇에 두부밥을 담고 ⑤를 올린다.

메추리알을 더해 더 든든하게 즐기기
미니새송이버섯 대신 메추리알 7개(70g)를 삶아 껍데기를 벗겨 준비한다.
과정 ④에 양념과 함께 넣어 조리한다.

eGL	13
탄수화물 함량(g)	40
kcal	423

매콤한 닭불고기 마요덮밥

1
저지방 고단백의 닭안심과 달걀을 넣어 GL과 열량을 낮췄어요.

2
지방의 함량을 반으로 줄인 하프 마요네즈를 사용했어요.

3
간이 세지 않아도 맛있게 즐길 수 있도록 고추장에 청양고추를 더해 만들었어요.

 고단백
 뼈 건강
 피로 해소

노화 방지

밥을 먹으면서 실천하는
Low GL 덮밥

▽ 추천 밥 : 양배추밥
⏱ 20~25분

- 양배추밥 1공기(130g)
- 닭안심 3쪽
  (또는 닭가슴살 2/3쪽, 75g)
- 양배추 2장(손바닥 크기, 60g)
- 양파 1/8개(25g)
- 청양고추 1개
- 달걀 1개
- 식용유 1작은술 + 1작은술
- 하프 마요네즈 1작은술

양념
- 고춧가루 1작은술
- 다진 마늘 1/3작은술
- 청주 1작은술
- 양조간장 1작은술
- 올리고당 1과 1/2작은술
- 고추장 2작은술
- 소금 약간

1

양배추와 양파는 0.3cm 폭으로 채 썰고, 청양고추는 송송 썬다. 볼에 달걀을 넣고 가볍게 푼다.

2

닭안심은 사방 2cm 크기로 썬다. 볼에 양념 재료와 청양고추, 닭안심을 넣고 버무려 10분간 재운다.

3

달군 팬에 식용유(1작은술)를 두르고 달걀물을 넣어 중간 불에서 30초간 그대로 둔다. 젓가락으로 저어가며 30초간 익힌 후 접시에 덜어둔다.

4

팬을 닦고 다시 달궈 식용유(1작은술)를 두르고 양배추, 양파를 넣어 중간 불에서 1분간 볶는다.

5

②를 넣고 중약 불에서 2분 30초간 볶는다.

6

그릇에 양배추밥을 담고 ③과 ⑤를 올린 후 마요네즈를 뿌린다.

eGL	13
탄수화물 함량(g)	34
kcal	250

달걀프라이를 올린
데미그라스덮밥

1
직접 만든 데미그라스 소스로 볶은 버섯을 밥 위에 올린 메뉴예요.

2
달걀과 버섯으로 단백질과 식이섬유의 함량을 높여 GL을 낮췄지요.

3
일반 케첩보다 당 함량을 1/2 이상 줄인 하프 토마토케첩을 사용했어요.

 저염

 대장 건강

 뼈 건강

 노화 방지

밥을 먹으면서 실천하는
Low GL 덮밥

☐ 추천 밥 : 숙주밥
⏱ 15~20분

- 숙주밥 1공기(140g)
- 모둠 버섯 100g
  (새송이버섯·표고버섯·
  양송이버섯·백만송이버섯 등)
- 달걀 1개
- 대파(푸른 부분) 10cm 2대
- 식용유 1작은술

데미그라스소스
- 물 2큰술
- 양조간장 1/2큰술
- 하프 토마토케첩 1과 1/2큰술
- 올리고당 1작은술

1
새송이버섯과 백만송이버섯은
밑동을 제거한 후 2등분한다.
새송이버섯은 0.5cm 두께로
채 썰고, 백만송이버섯은
가닥가닥 찢는다. 양송이버섯,
표고버섯은 기둥을 제거한 후
0.5cm 두께로 썬다.

2
대파는 송송 썬다.
볼에 데미그라스소스 재료를
모두 넣어 섞는다.

3
달군 팬에 식용유를 두르고
달걀을 올려 중간 불에서
1분 30초간 반숙으로 익힌다.
★ 완숙으로 즐기려면 뒤집어
1분간 더 익힌다.

4
팬을 닦고 다시 달궈 기름을
두르지 않은 채 ①의 버섯을 넣고
센 불에서 1분간 볶는다.

5
데미그라스소스를 넣고
약한 불로 줄여 1분간 볶는다.
대파를 넣고 섞은 후 불을 끈다.

6
그릇에 숙주밥을 담고 ⑤와
달걀프라이를 올린다.

쇠고기를 더해 더 든든하게 즐기기
쇠고기 샤부샤부용 50g과 청주 1작은술, 소금 약간을 버무려 5분간 재운다.
과정 ③을 마친 후 달군 팬에 식용유 1작은술을 두르고 쇠고기를 넣어
중간 불에서 1분 30초간 볶아 과정 ④를 진행한다.

eGL	14
탄수화물 함량(g)	34
kcal	326

토마토 안심 찹스테이크 덮밥

1 감칠맛이 있는 토마토를 넣어 양념을 적게해 나트륨 섭취량을 줄였어요.

2 식이섬유가 풍부한 토마토, 파프리카를 넣어 혈당이 빨리 오르는 것을 막아 GL을 낮췄어요.

3 저지방 고단백의 쇠고기 안심을 사용해 열량과 탄수화물 함량을 낮췄어요.

 고단백

 혈관건강

 빈혈예방

 피로해소

밥을 먹으면서 실천하는
Low GL **덮밥**

◎ 추천 밥 : 숙주밥
⏱ 20~25분

- 숙주밥 1공기(140g)
- 쇠고기 안심
  (또는 쇠고기 등심) 100g
- 방울토마토 5개
  (또는 토마토 1/2개, 75g)
- 파프리카 1/5개(또는 피망
  1/2개·당근 1/5개, 40g)
- 양파 1/5개(40g)
- 청양고추 1/2개(생략 가능)

밑간
- 올리브유(또는 식용유) 1작은술
- 소금 약간
- 통후추 간 것 약간

양념
- 다진 마늘 1작은술
- 양조간장 1과 1/2작은술
- 청주 1작은술
- 식초 1작은술

1 쇠고기는 키친타월로 감싸 핏물을 제거하고 사방 2cm 크기로 썬다. 볼에 밑간 재료와 쇠고기를 함께 넣고 버무려 10분간 재운다.

2 작은 볼에 양념 재료를 모두 넣어 섞는다.

3 파프리카와 양파는 1.5×1.5cm 크기로 썰고, 방울토마토는 4등분한다. 청양고추는 송송 썬다.

4 달군 팬에 쇠고기를 넣어 센 불에서 2분 뒤집어가며 굽는다.

5 방울토마토, 양파, 양념을 넣고 중간 불로 줄인 후 토마토를 으깨가며 2분, 파프리카, 청양고추를 넣고 1분간 볶는다.

6 그릇에 숙주밥을 담고 ⑤를 올린다.

스테이크로 색다르게 즐기기
숙주밥 대신 통밀빵 1쪽(20g)과 샐러드를 곁들인다.

eGL	16
탄수화물 함량(g)	38
kcal	262

표고버섯 달걀덮밥

1 식이섬유가 풍부한 버섯과 각종 채소를 듬뿍 넣어 탄수화물의 소화, 흡수를 늦췄어요.

2 다시마 국물로 조리해 감칠맛이 좋은 메뉴예요.

저염

뼈 건강

피로 해소

노화 방지

밥을 먹으면서 실천하는
Low GL **덮밥**

▽ 추천 밥 : 무밥
⏱ 20~25분

- 무밥 1공기(130g)
- 표고버섯 2개
  (또는 팽이버섯 1줌, 50g)
- 달걀 1개
- 양파 1/4개(50g)
- 쪽파 3줄기(또는
  대파 푸른 부분 10cm, 24g)
- 청양고추 1개(생략 가능)
- 식용유 1/2작은술

다시마 국물
- 다시마 5×5cm
- 따뜻한 물 1/2컵(100㎖)
- 맛술 1작은술
- 양조간장 1작은술
- 후춧가루 약간

1

볼에 다시마 국물 재료의 다시마와 따뜻한 물을 넣어 10분간 우린 후 다시마는 건져낸다. 나머지 다시마 국물 재료를 넣고 섞는다.

2

표고버섯은 기둥을 제거하고 0.5cm 두께로 썬다. 양파는 0.5cm 폭으로 채 썰고, 쪽파는 3cm 길이로 썬 후 흰 부분과 푸른 부분을 따로 둔다. 청양고추는 송송 썬다.

3

볼에 달걀을 넣어 가볍게 푼다.

4

달군 팬에 식용유를 두르고 양파, 쪽파 흰 부분을 넣어 중간 불에서 1분간 볶는다.

5

①의 다시마 국물, 표고버섯, 쪽파 푸른 부분, 청양고추를 넣고 끓어오르면 약한 불로 줄인 후 달걀물을 둘러가며 붓는다. 뚜껑을 덮어 1분 30초간 익힌다.

6

그릇에 무밥을 담고 ⑤를 올린다.

eGL	16
탄수화물 함량(g)	35
kcal	283

양배추 참치덮밥

1
수분과 식이섬유가 풍부한 양배추를 사용해 GL을 낮추고 포만감을 더했어요.

2
단백질과 불포화지방이 풍부한 참치는 GL을 낮추는 데 도움을 줘요.

 고단백

 저염

 빈혈 예방

 뼈 건강

밥을 먹으면서 실천하는
Low GL **덮밥**

🥣 **추천 밥 : 양배추밥**
🕐 15~20분

- 양배추밥 1공기(130g)
- 통조림 마일드 참치 1캔
  (작은 것, 또는 통조림 연어, 100g)
- 양배추 3장(손바닥 크기, 90g)
- 쪽파 3줄기(또는 부추 1/2줌, 24g)
- 식용유 1작은술

양념
- 고춧가루 1작은술
- 다진 마늘 1/2작은술
- 청주 1작은술
- 양조간장 1작은술
- 올리고당 1과 1/2작은술
- 후춧가루 약간

1
참치는 체에 밭쳐 숟가락으로 눌러가며 기름기를 뺀다.

2
양배추는 5cm 길이로 썬 후 0.5cm 폭으로 채 썬다.
쪽파는 3cm 길이로 썬 후 흰 부분과 푸른 부분을 따로 둔다.

3
볼에 양념 재료를 모두 넣어 섞는다.

4
달군 팬에 식용유를 두르고 양배추, 쪽파 흰 부분을 넣어 중간 불에서 1분간 볶는다.

5
참치, ③의 양념, 쪽파 푸른 부분을 넣고 1분간 더 볶는다.

6
그릇에 양배추밥을 담고 ⑤를 올린다.

eGL	18
탄수화물 함량(g)	41
kcal	267

시금치 새우 데리야키덮밥

1
데리야키 양념에 새우와 시금치를 볶아 밥 위에 얹어 먹는 메뉴예요.

2
식이섬유가 풍부한 시금치와 단백질 함량이 많은 새우를 듬뿍 넣어 GL을 줄였어요.

고단백

빈혈 예방

뼈 건강

피로 해소

밥을 먹으면서 실천하는
Low GL **덮밥**

▽ 추천 밥 : 새송이버섯밥
⏱ 25~30분

- 새송이버섯밥 1공기(130g)
- 시금치 1줌(50g)
- 냉동 생새우살 5마리(75g)
- 양파 1/8개(25g)
- 식용유 1작은술

데리야키 양념
- 물 1큰술
- 맛술 1큰술
- 양조간장 1/2큰술

밑간
- 소금 약간
- 후춧가루 약간

1

냉동 생새우살은 찬물(2컵)에 10분간 담가 해동한 후 체에 밭쳐 물기를 뺀다.

2

시금치는 지저분한 잎을 제거하고 흐르는 물에 씻은 후 체에 밭쳐 물기를 뺀다. 시금치는 2cm 길이로 썰고, 양파는 0.5cm 폭으로 채 썬다. 볼에 데리야키 양념 재료를 모두 넣어 섞는다.

3

생새우살은 반으로 저민 후 밑간 재료와 함께 넣고 버무려 5분간 재운다.

4

달군 팬에 식용유를 두르고 생새우살, 양파를 넣어 중간 불에서 1분 30초간 볶는다.

5

데리야키 양념을 넣고 중간 불에서 끓어오르면 시금치를 넣어 1분간 볶은 후 불을 끈다.

6

그릇에 새송이버섯밥을 담고 ⑤를 올린다.

새우를 달걀로 대체해 다양하게 즐기기
과정 ①의 새우 해동하기와 과정 ③을 생략한다. 달걀 1개를 볼에 넣어 풀고 과정 ④에서 식용유 1작은술을 두른 후 달걀 푼 것을 넣고 중간 불에서 30초간 그대로 둔다. 젓가락으로 저어가며 30초, 양파를 넣어 1분 30초간 볶는다.

eGL	19
탄수화물 함량(g)	39
kcal	259

매콤 순두부덮밥

1
순두부찌개처럼 조리하지만, 국물 요리는 Low GL 식사법으로 적합하지 않아 국물이 거의 없이 건더기만 남겨 덮밥으로 즐기는 메뉴예요.

2
양파의 단맛을 살려 별도의 당류를 첨가하지 않아도 맛있고 GL도 낮출 수 있어요.

고단백

혈관 건강

빈혈 예방

노화 방지

밥을 먹으면서 실천하는
Low GL 덮밥

🍚 추천 밥 : 양배추밥
⏱ 20~25분

- 양배추밥 1공기(130g)
- 순두부 1/2봉
  (또는 연두부 3/5팩·
  생식두부 1과 1/2팩, 175g)
- 바지락살 1/2컵(50g)
- 양파 1/4개(50g)
- 대파(푸른 부분) 10cm
- 다진 마늘 1작은술
- 물 1큰술 + 1/2컵(100㎖)
- 다시마 5×5cm

양념
- 물 2큰술
- 고춧가루 1작은술
- 맛술 1작은술
- 양조간장 1작은술
- 고추장 1/2작은술
- 후춧가루 약간

1
양파는 0.5cm 폭으로 채 썰고, 대파는 어슷 썬다. 볼에 양념 재료를 모두 넣어 섞는다.

2
소금 물(물 2컵 + 소금 1/3작은술)에 바지락살을 넣고 살살 흔들어 불순물을 제거한 후 체에 밭쳐 흐르는 물에 헹궈 물기를 뺀다.

3
달군 팬에 물(1큰술), 바지락살, 다진 마늘을 넣어 중간 불에서 1분간 볶는다.

4
다시마와 물(1/2컵)을 넣고 중약 불로 줄여 3분간 끓인다.

5
다시마를 건진 후 순두부, 양파, 대파를 넣고 순두부를 숟가락으로 한입 크기로 가른 후 양념을 넣어 3분간 끓인다.

6
그릇에 양배추밥을 담고 ⑤를 올린다.

eGL	19
탄수화물 함량(g)	46
kcal	242

애호박 새송이버섯덮밥

1 수분과 식이섬유가 풍부한 애호박과 버섯을 사용해 GL을 낮추고 포만감을 더했어요.

2 쇠고기를 넣어 양념장에 감칠맛을 살려 양념을 적게 해도 돼 나트륨 섭취를 줄였어요.

▽ 추천 밥 : 새송이버섯밥
🕒 15~20분

- 새송이버섯밥 1공기(130g)
- 애호박 1/4개(70g)
- 새송이버섯 1개
  (또는 표고버섯 3개·
  백만송이버섯 1과 1/2줌
  등, 80g)

쇠고기 양념장
- 다진 쇠고기
  (또는 다진 돼지고기, 30g)
- 다진 마늘 1/2작은술
- 청주 1작은술
- 올리고당 1/2작은술
- 양조간장 1/2작은술
- 고추장 2작은술
- 참기름 1/2작은술

1 애호박은 0.5cm 두께로 썬 후 열십(+)자로 썬다. 새송이버섯은 밑동을 제거하고 길이로 4등분한 후 0.5cm 두께로 썬다.

2 쇠고기 양념장 재료의 다진 쇠고기는 키친타월로 감싸 핏물을 제거한다. 볼에 양념장 재료를 넣고 버무려 5분간 재운다.

3 달군 팬에 ②를 넣고 약한 불에서 2분간 볶는다.

4 내열 용기에 새송이버섯밥을 담고 애호박, 새송이버섯을 올린다. 뚜껑을 덮어 전자레인지(700W)에서 2분간 익힌다. ③을 곁들인다.

저염
혈관 건강
대장 건강

1

4

Low GL 면 요리

일반 면 요리 한 그릇
30 eGL
↓
Low GL 면 요리
평균 13 eGL

☑ 면 요리를 즐기는 분들을 위해 기존 면 요리의 GL을 낮춰 개발한 메뉴예요.

☑ 일반 국수 대신 통밀 파스타, 메밀면, 곤약면 등을 사용해 GL을 확 낮췄어요. 통밀 파스타, 메밀면, 곤약면은 모두 대형 마트에서 쉽게 구할 수 있습니다.

☑ 국물이 있는 면 요리는 되도록 건더기만 먹는 것이 좋아요.

☑ 국수류는 GL이 높은 편이므로 제공하는 1인 양이 적게 느껴질 수 있습니다. 채소를 더해 조리하거나, Low GL 샐러드(188~206쪽) 1/2분량을 곁들여도 좋습니다.

eGL	3
탄수화물 함량(g)	16
kcal	205

토마토 고추장 비빔곤약면

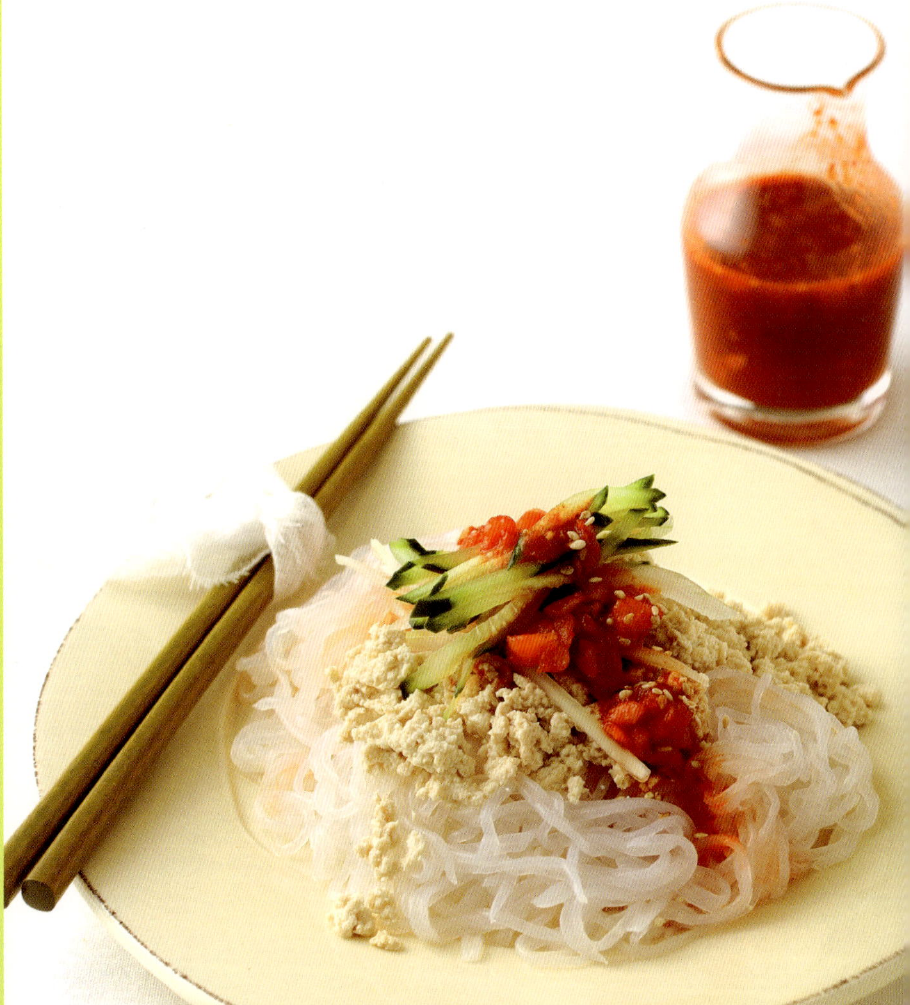

1
탄수화물 함량이 많은 일반 면 대신 곤약을 넣어 탄수화물 함량을 줄였어요.

2
곤약은 식이섬유가 풍부한 저열량 식품으로 포만감도 더해주지요.

3
감칠맛이 있고 나트륨 배출을 돕는 칼륨이 풍부한 토마토를 넣어 나트륨 함량을 줄였어요.

혈관 건강

대장 건강

노화 방지

색다르게 먹으면서 실천하는
Low GL 면 요리

⏱ 20~25분

- 실곤약 1컵(120g)
- 두부 작은 팩 1/2모 (부침용, 105g)
- 오이 1/8개(25g)
- 양파 1/8개(25g)
- 양조간장 1/2작은술
- 참기름 1/2작은술

토마토 고추장
- 토마토 1개 (또는 방울토마토 10개, 150g)
- 고춧가루 1/2작은술
- 식초 2작은술
- 양조간장 1작은술
- 고추장 2작은술
- 올리고당 1과 1/2작은술
- 통깨 약간

1 실곤약 데칠 물(3컵)을 끓인다. 토마토 고추장 재료의 토마토는 꼭지 반대쪽에 열십(+)자로 칼집을 낸다. 오이, 양파는 가늘게 채 썬다.

2 양파는 찬물에 5분간 담가 매운맛을 제거하고 체에 받쳐 물기를 뺀다.

3 두부는 칼 옆면으로 으깬다.

4 달군 팬에 두부를 넣어 약한 불에서 3분, 양조간장과 참기름을 넣고 1분간 볶는다.

5 ①의 끓는 물에 실곤약을 넣고 1분간 데쳐 건진 후 찬물에 헹궈 물기를 꼭 짠다. 이때, 냄비의 물은 계속 끓인다. 토마토를 넣고 15초간 데친 후 찬물에 헹군다.

6 토마토의 껍질을 벗기고 잘게 다진다. 볼에 토마토 고추장 재료를 모두 넣어 섞는다. 그릇에 모든 재료를 담고 버무린다.

삶은 달걀을 더해 더 든든하게 즐기기
냄비에 달걀과 잠길 만큼의 물을 붓고 센 불에서 끓어오르면 약한 불로 줄여 12분간 삶는다. 찬물에 담가 한 김 식힌 후 껍데기를 벗겨 4등분 한 후 곁들인다.

eGL	3
탄수화물 함량(g)	18
kcal	329

김치 비빔곤약면

1
김치의 염도를 낮추기 위해 양념을 씻어내고 사용했어요.

2
식물성 불포화지방산이 풍부한 땅콩은 혈당이 빨리 오르는 것을 막아 GL을 낮추는 데 도움을 줘요.

3
저지방 고단백의 닭가슴살을 사용해 열량과 탄수화물 함량을 줄였어요.

- 고단백
- 혈관 건강
- 대장 건강
- 노화 방지

색다르게 먹으면서 실천하는
Low GL 면 요리

⏱ 25~30분

- 실곤약 1컵(120g)
- 익은 배추김치 1컵(150g)
- 닭가슴살 1쪽
  (닭안심 4쪽, 100g)
- 깻잎 5장(10g)
- 땅콩 1큰술
  (또는 다른 견과류, 10g)
- 청주 1작은술

소스 1_ 간장 소스
- 송송 썬 청양고추 1/2개분
- 생수 1큰술
- 레몬즙 1큰술
- 다진 마늘 1/2작은술
- 양조간장 2작은술
- 올리고당 2작은술

소스 2_ 피시 소스
- 레몬즙 1과 1/2큰술
- 생수 1큰술
- 피시소스(또는 멸치 액젓) 1큰술
- 다진 마늘 1/2작은술
- 올리고당 2작은술

1

닭가슴살 삶을 물(3컵)을 끓인다.
배추김치는 흐르는 물에 헹궈 물기를 꼭 짠 후 가늘게 채 썬다. 깻잎은 꼭지를 떼고 돌돌 말아 가늘게 채 썰고, 땅콩은 굵게 다진다.

2

①의 끓는 물에 닭가슴살과 청주를 넣고 12분간 삶는다. 체에 밭쳐 물기를 빼고 한 김 식힌 후 결대로 찢는다. 실곤약 데칠 물(3컵)을 끓인다.

3

②의 끓는 물에 실곤약을 넣고 1분간 데쳐 건진 후 찬물에 헹궈 물기를 꼭 짠다.

4

볼에 원하는 소스 재료를 넣어 섞은 후 배추김치, 닭가슴살, 깻잎을 넣고 버무린다.

5

그릇에 실곤약을 담고 ④를 올린 후 땅콩을 뿌린다.

eGL	3
탄수화물 함량(g)	14
kcal	152

콩나물 비빔곤약면

1
식이섬유가 풍부한 콩나물을 넣어 GL을 낮추고 아삭한 식감을 살렸어요.

2
식초는 소금을 적게 넣어도 음식의 맛을 살려 나트륨 섭취를 줄여줘요.

3
곤약은 식이섬유가 풍부한 저열량 재료로 포만감도 더해주지요.

저염

뼈 건강

노화 방지

색다르게 먹으면서 실천하는
Low GL 면 요리

🕐 25~30분

- 실곤약 1컵(120g)
- 콩나물 1줌(또는 숙주, 50g)
- 참나물 1/2줌(또는 깻잎, 25g)
- 달걀 1개
- 소금 약간

양념장

- 맛술 1/2큰술
- 식초 1/2큰술
- 매실청(또는 올리고당) 1/2큰술
- 고추장 1/2큰술
- 고춧가루 1/2작은술
- 다진 마늘 1/3작은술
- 양조간장 1/2작은술
- 참기름 1/2작은술

1 냄비에 달걀, 잠길 만큼의 물, 소금을 넣어 센 불에서 끓어오르면 약한 불로 줄여 12분간 삶는다. 찬물에 헹궈 달걀껍데기를 벗기고 2등분한다.

2 냄비에 콩나물 삶을 물(물 1컵 + 소금 1/2작은술)을 끓인다. 참나물은 지저분한 잎을 떼어내고 흐르는 물에 씻은 후 체에 밭쳐 물기를 빼고 2cm 길이로 썬다. 콩나물을 흐르는 물에 씻은 후 체에 밭쳐 물기를 뺀다.

3 ②의 끓는 물에 콩나물을 넣고 뚜껑을 덮어 3분간 삶은 후 체에 밭쳐 물기를 뺀다. 실곤약 데칠 물(3컵)을 끓인다.

4 볼에 양념장 재료를 모두 넣어 섞는다.

5 ③의 끓는 물에 실곤약을 넣고 1분간 데쳐 건진 후 찬물에 헹궈 물기를 꼭 짠다.

6 그릇에 실곤약을 담고 달걀, 콩나물, 참나물을 올리고 양념장을 곁들인다.

eGL	14
탄수화물 함량(g)	38
kcal	315

양배추파스타

1 탄수화물 함량이 높은 일반 면 대신 도정하지 않은 통밀로 만든 스파게티를 사용해 GL을 낮췄어요.

2 수분과 식이섬유가 풍부한 양배추를 사용해 GL은 낮추고 포만감은 높였어요.

3 기름으로 재료를 볶으면 혈당을 천천히 올려 Low GL 식사법으로 좋아요.

혈관 건강

피로 해소

색다르게 먹으면서 실천하는
Low GL **면 요리**

- ⏱ **20~25분**
- 통밀 스파게티 2/3줌(40g)
- 양배추 5장(손바닥 크기, 150g)
- 생 햄 7장(또는 베이컨 4장, 50g)
- 마늘 2쪽(10g)
- 올리브유 1작은술
- 소금 약간
- 통후추 간 것 약간

양념
- 스파게티 삶은 물 2큰술
- 고춧가루 1/3작은술
- 양조간장 1작은술

1 스파게티 삶을 물(물 5컵 + 소금 1작은술)을 끓인다. 양배추는 가늘게 채 썰고, 생 햄은 1cm 폭으로 썬다. 마늘은 편으로 썬다.

2 ①의 끓는 물에 스파게티를 넣고 포장지에 적힌 시간보다 1분 짧게 삶는다. 스파게티는 체에 밭쳐 물기를 빼고, 스파게티 삶은 물 2큰술을 덜어둔다.

3 달군 팬에 올리브유를 두르고 마늘과 생 햄을 넣어 중간 불에서 1분, 양배추를 넣어 1분 30초간 볶는다.

4 스파게티와 양념 재료를 넣어 1분 30초간 볶는다. 불을 끄고 소금, 통후추 간 것을 넣어 섞는다.

{ 볶음밥으로 색다르게 즐기기 }
과정 ②를 생략한다. 양념 재료의 스파게티 삶은 물은 생수로 대체한다.
과정 ④에 두부밥 1공기를 양념 재료와 넣고 나머지 과정은 동일하게 진행한다.

eGL	15
탄수화물 함량(g)	29
kcal	238

황태 숙주메밀면

1
탄수화물 함량이 높은 일반 면 대신 GL이 낮은 메밀면을 사용해 GL을 낮췄어요.

2
다시마와 황태의 감칠맛과 염분을 활용하고 다른 간을 많이 하지 않아 나트륨 함량을 줄였어요. 하지만 국물은 나트륨 함량이 높은 편이니 되도록 적게 드세요.

3
식이섬유가 풍부한 숙주를 넣어 탄수화물의 소화, 흡수를 늦추고 아삭한 식감을 살렸어요.

 고단백

 혈관건강

 노화방지

색다르게 먹으면서 실천하는
Low GL **면 요리**

- ⏱ 25~30분
- 건 메밀면 2/3줌(40g)
- 황태채 약 2/3컵(또는 황태, 15g)
- 숙주 1줌(50g)
- 대파(푸른 부분) 10cm
- 청양고추 1/2개
- 다시마 5×5cm 2장
- 물 3컵(600㎖)
- 국간장 1작은술
- 소금 약간
- 후춧가루 약간

밑간
- 생수 2큰술
- 청주 1작은술
- 참기름 1작은술

1
냄비에 다시마와 물을 넣고 끓어오르면 약한 불로 줄여 5분, 다시마를 건져내고 5분간 더 끓인다.

2
황태채는 손으로 가늘게 찢는다. 볼에 밑간 재료와 황태 채를 넣고 골고루 섞는다.
★ 황태는 가위를 이용해 5cm 길이로 자른다.

3
대파와 청양고추는 어슷 썰고, ①의 다시마는 가늘게 채 썬다. 숙주는 흐르는 물에 헹군 후 체에 밭쳐 물기를 뺀다. 냄비에 메밀면 삶을 물(4컵)을 끓인다.

4
③의 끓는 물에 메밀면을 넣고 5분간 삶아 체에 밭친 뒤 찬물에 헹궈 물기를 뺀다.
★ 중간에 끓어오르면 찬물을 1/2컵(100㎖)씩 2~3회 붓는다.

5
달군 냄비에 황태채를 넣어 중간 불에서 2분간 볶은 후 ①의 국물, 숙주, 대파, 청양고추, 국간장을 넣어 중간 불에서 2분간 끓인다. 소금, 후춧가루로 간한다.

6
그릇에 메밀면을 담고 ⑤를 붓고 다시마 채를 올린다.

{ **달걀을 더해 더 든든하게 즐기기**
볼에 달걀 1개를 넣고 풀어 과정 ⑤를 마친 후 둘러가며 붓는다.
중간 불에서 1분간 그대로 끓인 후 불을 끈다. }

eGL	15
탄수화물 함량(g)	48
kcal	373

쇠고기 버섯메밀면

1
샐러드처럼 먹는 면 요리로 쇠고기와 어린잎 채소 등 탄수화물 이외의 식품을 듬뿍 넣어 GL을 낮췄어요.

2
탄수화물 함량이 높은 일반 면 대신 메밀로 만든 면을 사용해 GL을 낮췄어요.

- 고단백
- 대장건강
- 빈혈예방
- 노화방지

35~40분

- 건 메밀면 2/3줌(40g)
- 쇠고기 불고기용 50g
- 표고버섯 2개(50g)
- 무 지름 10cm, 두께 1cm(100g)
- 어린잎 채소 1과 1/2줌(30g)
- 식용유 1작은술
- 식초 1/2큰술

밑간
- 올리고당 1작은술
- 소금 1/2작은술

양념
- 다진 양파 1/2큰술
- 생수 1큰술
- 통깨 1/2작은술
- 다진 마늘 1/3작은술
- 청주 1작은술
- 양조간장 2작은술
- 올리고당 2작은술
- 참기름 1/2작은술
- 후춧가루 약간

1 무는 0.5×0.5×5cm 크기로 채 썰고, 표고버섯은 기둥을 제거하고 0.5cm 두께로 썬다. 어린잎 채소는 흐르는 물에 씻은 후 체에 밭쳐 물기를 뺀다.

2 볼에 무와 밑간 재료를 넣고 버무려 10분 이상 재운 후 찬물에 헹궈 손으로 물기를 꼭 짠다. 볼에 양념 재료를 모두 넣어 섞는다.

3 쇠고기는 키친타월로 감싸 핏물을 제거하고 한입 크기로 썬다. 큰 볼에 양념 1/2분량, 쇠고기, 표고버섯을 넣고 버무려 10분간 재운다.

4 냄비에 메밀면 삶을 물(4컵)을 끓인다. 달군 팬에 식용유를 두르고 ③을 넣어 중간 불에서 2분간 볶는다.

5 ④의 끓는 물에 메밀면을 넣고 5분간 삶아 체에 밭친 뒤 찬물에 헹궈 물기를 뺀다.
★ 중간에 끓어오르면 찬물을 1/2컵(100㎖)씩 2~3회 붓는다.

6 볼에 메밀면, ④, 나머지 양념, 무, 식초를 넣고 골고루 비빈다. 그릇에 담고 어린잎 채소를 올린다.

eGL	15
탄수화물 함량(g)	44
kcal	387

새우와 구운 채소 통밀파스타

1
탄수화물 함량이 높은 일반 면 대신 도정하지 않은 통밀로 만든 스파게티를 사용해 GL을 낮췄어요.

2
식이섬유가 풍부한 채소를 듬뿍 넣어 GL을 낮췄어요.

3
기름을 둘러 재료를 볶거나 구우면 혈당을 천천히 올려 Low GL 메뉴로 좋아요.

- 고단백
- 대장 건강
- 뼈 건강
- 노화 방지

색다르게 먹으면서 실천하는
Low GL 면 요리

⏱ 35~40분

- 통밀 스파게티 2/3줌(40g)
- 냉동 생새우살 5마리(킹사이즈, 75g)
- 가지 1/2개(75g)
- 애호박 1/6개
  (또는 주키니 호박, 45g)
- 파프리카 1/4개(또는 피망, 50g)
- 바질 3장(생략 가능)
- 올리브유 1작은술 + 1작은술 + 1작은술
- 다진 마늘 1작은술
- 소금 약간
- 후춧가루 약간
- 스파게티 삶은 물 2큰술(30㎖)

발사믹소스
- 발사믹 식초 1과 1/2큰술
- 양조간장 1/2큰술
- 올리고당 2작은술

1

스파게티 삶을 물(물 5컵 + 소금 1작은술)을 끓인다. 냉동 생새우살은 찬물(2컵)에 10분간 담가 해동한 후 체에 밭쳐 물기를 뺀다.

2

가지, 애호박은 사방 1cm 크기로 썰고, 파프리카는 1×1cm 크기로 썬다. 바질은 0.5cm 두께로 채 썬다. 볼에 발사믹소스 재료를 모두 넣어 섞는다.

3

달군 팬에 올리브유(1작은술)를 두르고 중간 불에서 가지, 애호박, 파프리카를 넣어 4분간 볶는다. 발사믹소스를 넣어 바글바글 끓어오르면 약한 불로 줄여 3분간 조린 후 접시에 덜어둔다.

4

①의 끓는 물에 스파게티를 넣고 포장지에 적힌 시간보다 1분 짧게 삶는다. 스파게티는 체에 밭쳐 물기를 빼고, 스파게티 삶은 물 2큰술을 덜어둔다.

5

팬을 닦고 다시 달궈 올리브유(1작은술)를 두르고 다진 마늘을 넣어 중약 불에서 30초, 새우를 넣고 1분간 볶는다.

6

스파게티, 바질, 올리브유(1작은술), 스파게티 삶은 물을 넣고 1분 30초간 볶은 후 불을 끄고 소금, 후춧가루를 넣어 섞는다. 그릇에 담고 ③을 올린다.

eGL	18
탄수화물 함량(g)	37
kcal	293

메밀면 장터국수

1 표고버섯과 다시마의 감칠맛으로 조리해 나트륨 섭취를 줄였어요. 하지만 국물은 나트륨 함량이 높은 편이니 되도록 적게 드세요.

2 탄수화물 함량이 높은 일반 면 대신 메밀로 만든 면을 사용해 GL을 낮췄어요.

고단백

혈관 건강

색다르게 먹으면서 실천하는
Low GL 면 요리

⏱ 25~30분

- 건 메밀면 2/3줌(40g)
- 다진 쇠고기 50g
- 양파 1/7개(또는 당근, 30g)
- 애호박 1/6개(40g)
- 대파(흰 부분) 10cm
- 국간장 1작은술
- 소금 약간

국물
- 말린 표고버섯 2장
- 다시마 5×5cm 2장
- 물 3컵(600㎖)

양념
- 다진 마늘 1/4작은술
- 청주 1/2작은술
- 양조간장 1작은술
- 올리고당 1/2작은술
- 참기름 1/2작은술
- 후춧가루 약간

1
냄비에 국물 재료를 넣어 센 불에서 끓어오르면 약한 불로 줄여 5분간 끓인 후 다시마를 건져내고 10분간 더 끓인다. 표고버섯 1개는 건져 따로 둔다.

2
다진 쇠고기는 키친타월로 감싸 핏물을 제거한다. 볼에 양념 재료와 다진 쇠고기를 넣고 버무려 5분간 재운다.

3
양파, 애호박은 0.5cm 두께로 채 썰고, 대파는 어슷 썬다. ①의 표고버섯 1개는 기둥을 제거하고 가늘게 채 썬다.

4
냄비에 메밀면 삶을 물(4컵)을 끓인다. 달군 팬에 쇠고기를 넣고 중약 불에서 2분간 볶는다.

5
④의 끓는 물에 메밀면을 넣고 5분간 삶아 체에 밭친 뒤 찬물에 헹궈 물기를 뺀다.
★ 중간에 끓어오르면 찬물을 1/2컵(100㎖)씩 2~3회 붓는다.

6
①의 국물에 국간장을 넣고 센 불에서 끓어오르면 양파, 애호박, 대파, 표고버섯을 넣고 중간 불에서 2분간 끓인다. 소금으로 간한 후 불을 끈다. 그릇에 메밀면을 담고 채소 국물을 붓고 ④를 올린다.

eGL	18
탄수화물 함량(g)	47
kcal	415

닭가슴살 로제소스 파스타

1
생크림 대신 저지방 우유로 만들어 열량을 줄였어요.

2
감칠맛이 있는 방울토마토를 듬뿍 넣는 대신 양념을 적게 넣어 나트륨 섭취량을 줄였어요.

3
저지방 고단백의 닭가슴살을 사용해 영양 균형을 맞추고 GL과 열량을 낮췄어요.

- 고단백
- 혈관 건강
- 뼈 건강
- 피로 해소

색다르게 먹으면서 실천하는
Low GL **면 요리**

⏱ **30~35분**

- 통밀 스파게티 2/3줌(40g)
- 닭가슴살 1/2쪽
  (또는 닭안심 2쪽, 50g)
- 방울토마토 10개
  (또는 토마토, 150g)
- 양파 1/4개(50g)
- 마늘 2쪽(10g)
- 청양고추 1개
- 올리브유 1작은술
- 시판 토마토소스 2큰술
- 저지방 우유 1/2컵(100㎖)
- 소금 약간
- 후춧가루 약간
- 파마산 치즈 가루 1큰술

밑간
- 소금 1/2작은술
- 청주 1작은술
- 후춧가루 약간

1 스파게티 삶을 물(물 5컵 + 소금 1작은술)을 끓인다. 닭가슴살은 모양대로 반으로 저민 후 1cm 폭으로 썰어 밑간 재료에 버무려 10분간 재운다.

2 양파는 0.5cm 폭으로 채 썰고, 마늘은 편으로 썬다. 청양고추는 송송 썰고, 방울토마토는 2등분한다.

3 ①의 끓는 물에 스파게티를 넣고 포장지에 적힌 시간보다 1분 짧게 삶는다. 스파게티는 체에 밭쳐 물기를 뺀다.

4 달군 팬에 올리브유를 두르고 양파, 마늘, 청양고추를 넣어 중간 불에서 1분간 볶는다.

5 닭가슴살을 넣어 중간 불에서 1분 30초, 방울토마토를 넣어 1분 30초간 볶는다.

6 토마토소스와 우유를 넣어 가장자리가 끓기 시작하면 중약 불로 줄여 스파게티를 넣고 2분간 끓인다. 불을 끄고 소금, 후춧가루를 넣어 섞은 후 파마산 치즈 가루를 뿌린다. ★ 기호에 따라 파슬리 가루를 곁들인다.

{ **닭가슴살 대신 새우로 대체해 다양하게 즐기기**
냉동 생새우살 4마리(킹 사이즈, 60g)는 찬물에 10분간 담가 해동한 후 체에 밭쳐 물기를 뺀다. 밑간 재료에 버무려 10분간 재운 후 사용한다. }

eGL	18
탄수화물 함량(g)	46
kcal	348

파프리카 냉파스타

1
탄수화물 함량이 높은 일반 펜네 대신 도정하지 않은 통밀로 만든 펜네를 사용해 GL을 낮췄어요.

2
식이섬유와 비타민 C가 풍부한 파프리카를 넣어 GL을 낮추고 포만감은 더했어요.

고단백 / 혈관건강 / 대장건강 / 뼈건강

⏱ 20~25분

- 통밀 펜네 1/2컵
  (또는 푸실리, 40g)
- 파프리카 1/2개(100g)
- 생 모짜렐라 치즈 1/2봉지(60g)
- 어린잎 채소 1줌
  (또는 샐러드 채소, 20g)

드레싱
- 레몬즙 1큰술
- 올리고당 1/2큰술
- 소금 1/4작은술
- 올리브유 1작은술
- 통 후추 간 것 약간

1. 펜네 삶을 물(물 5컵 + 소금 1작은술)을 끓인다. 파프리카는 2등분하고 0.5cm 폭으로 채 썬다. 생 모짜렐라 치즈는 키친타월에 올려 물기를 뺀 후 한입 크기로 썬다.

2. 어린잎 채소는 흐르는 물에 씻은 후 체에 밭쳐 물기를 뺀다. 볼에 드레싱 재료를 모두 넣어 섞는다.

3. ①의 끓는 물에 펜네를 넣고 포장지에 적힌 시간대로 삶은 후 체에 밭쳐 물기를 빼고 한 김 식힌다.

4. 큰 볼에 모든 재료와 드레싱을 넣어 골고루 버무린다.

한 끼 식사로 손색이 없는 Low GL 샐러드

- ☑ 탄수화물은 확 줄이고 단백질 식품과 채소를 듬뿍 섭취할 수 있는 메뉴예요.
- ☑ 지방이 적은 새우, 달걀, 두부, 닭가슴살, 연어 등으로 단백질을 더하고 채소와 과일로 식이섬유를 채워 평균 GL이 6 이하로 아주 낮아요.
- ☑ 포만감이 부족할 경우 채소를 더욱 듬뿍 넣거나 곡물 빵 한쪽을 곁들이세요.
- ☑ 과식한 다음 날이나 몸이 부쩍 무거울 때 먹으면 좋아요.

eGL	3 이하
탄수화물 함량(g)	13
kcal	241

애호박 새우샐러드

1 식이섬유가 풍부한 샐러드 채소와 단백질이 풍부한 새우로 만든 Low GL 메뉴예요.

2 애호박과 양파로 단맛을 더하고 올리고당은 최소한으로 사용해 Low GL을 실천할 수 있어요.

- 고단백
- 저염
- 뼈 건강
- 노화 방지

색다르게 먹으면서 실천하는
Low GL | 샐러드

⏱ 30~35분

- 냉동 생새우살 6마리 (킹사이즈, 90g)
- 애호박 1/3개(90g)
- 샐러드 채소 50g
- 소금 약간

밑간
- 올리브유(또는 식용유) 1작은술
- 후춧가루 약간

머스터드 발사믹드레싱
- 다진 양파 1큰술(10g)
- 발사믹 식초 1큰술
- 올리브유 1큰술
- 홀그레인 머스터드 1/2작은술
- 올리고당 1작은술
- 소금 약간

1
냉동 생새우살은 찬물(2컵)에 10분간 담가 해동한 후 체에 밭쳐 물기를 뺀다. 볼에 밑간 재료와 함께 넣고 버무려 10분간 재운다.

2
애호박은 0.5cm 두께로 썬다. 볼에 드레싱 재료를 모두 넣어 섞는다.

3
샐러드 채소는 흐르는 물에 씻은 후 체에 밭쳐 물기를 빼고 한입 크기로 썬다.

4
애호박은 소금을 뿌려 10분간 절인 후 키친타월로 눌러 물기를 제거한다.

5
달군 팬에 애호박을 올려 센 불에서 앞뒤로 각각 1분씩 굽는다. 접시에 넓게 펼쳐 식힌다.

6
팬을 닦고 다시 달궈 생새우살을 올려 중간 불에서 뒤집어가며 노릇하게 3분간 굽는다. 그릇에 모든 재료를 담고 드레싱을 곁들인다.

eGL	3이하
탄수화물 함량(g)	14
kcal	253

간장 유자드레싱의 쇠고기 토마토샐러드

1
채소는 오래 삶는 것보다 살짝 데쳐 먹는 것이 Low GL 식사법으로 좋아요.

2
방울토마토는 식감 때문에 껍질을 벗겨 조리했지만 GL을 낮추기 위해서는 껍질째 먹는 게 더 좋아요.

- 혈관 건강
- 빈혈 예방
- 피로 해소
- 노화 방지

색다르게 먹으면서 실천하는 Low GL 샐러드

⏱ 25~30분

- 쇠고기 잡채용 50g
- 방울토마토 5개(75g)
- 브로콜리 1/3개(100g)
- 양파 1/8개(25g)
- 당근 1/8개(25g)

밑간
- 다진 마늘 1/2작은술
- 청주 1작은술
- 양조간장 1작은술
- 올리고당 1/2작은술
- 참기름 1/2작은술
- 후춧가루 약간

간장 유자드레싱
- 식초 2작은술
- 양조간장 2작은술
- 유자청 1작은술
- 카놀라유(또는 식용유) 2작은술
- 참기름 1/3작은술
- 후춧가루 약간

1
브로콜리 데칠 물(물 3컵 + 소금 1작은술)을 끓인다. 쇠고기는 키친타월로 감싸 핏물을 제거한다. 볼에 밑간 재료와 쇠고기를 함께 넣고 버무려 10분간 재운다.

2
브로콜리는 사방 2.5cm 크기로 썰고, 양파, 당근은 가늘게 채 썬다. 방울토마토는 꼭지 반대쪽에 열십(+)자로 칼집을 넣는다. 작은 볼에 드레싱 재료를 넣고 섞는다.

3
①의 끓는 물에 브로콜리를 넣어 1분, 방울토마토 15초, 당근은 10초간 데친 후 재빨리 찬물에 담가 헹궈 체에 밭쳐 물기를 뺀다.

4
방울토마토는 껍질을 벗기고 2등분한다.

5
달군 팬에 쇠고기를 넣어 중간 불에서 2분간 볶는다.

6
큰 볼에 모든 재료와 드레싱을 넣어 골고루 버무린다.

{ **쇠고기를 통조림 닭가슴살로 대체해 더 간편하게 즐기기**
밑간 재료와 과정 ①, ⑤를 생략한다. 통조림 닭가슴살 1/2캔(작은 것, 45g)은 체에 밭쳐 뜨거운 물을 끼얹은 후 그대로 물기를 빼 사용한다. 과정 ⑥에 넣는다. }

eGL	3 이하
탄수화물 함량(g)	20
kcal	358

양송이 시금치 웜샐러드

1
위장이 좋지 않은 분을 위한 따뜻한 샐러드예요. 샐러드를 식사로 먹을 때 소화가 잘 안 된다면 살짝 데쳐 위장의 부담을 줄여주세요.

2
단백질이 풍부한 달걀을 더해 한 끼 식사로 부족함이 없도록 만들었어요.

 고단백

 빈혈 예방

 뼈 건강

 피로 해소

색다르게 먹으면서 실천하는
Low GL | 샐러드

⏱ 20~25분

- 시금치 2줌(또는 근대, 100g)
- 양송이버섯 5개(100g)
- 방울토마토 5개(75g)
- 양파 1/7개(30g)
- 달걀 2개
- 올리브유 2작은술
- 소금 약간
- 통후추 간 것 약간
- 파마산 치즈 가루 2큰술

1

시금치 데칠 물(물 3컵 + 소금 1작은술)을 끓인다. 시금치는 지저분한 잎을 떼어내고 칼로 뿌리를 제거한 후 한 장씩 떼어낸다. 흐르는 물에 씻어 체에 밭쳐 물기를 뺀다.

2

①의 끓는 물에 시금치를 넣어 20초간 데친 후 찬물에 헹궈 물기를 꼭 짠다.

3

시금치는 2cm 길이로 썰고, 방울토마토는 2등분한다. 양파는 0.5cm 폭으로 채 썰고, 양송이버섯은 기둥을 제거하고 4~6등분한다.

4

달군 팬에 올리브유를 두르고 양송이버섯, 양파, 소금을 넣어 중간 불에서 1분간 볶는다.

5

방울토마토를 넣어 30초간 볶은 후 시금치를 넣어 섞는다.

6

중간에 달걀을 올리고 통후추 간 것, 파마산 치즈 가루를 뿌린다. 뚜껑을 덮어 약한 불로 줄여 3분간 익힌다.

{ **팬 대신 오븐으로 조리하기**
과정 ④에서 오븐 용기에 시금치, 방울토마토, 양파, 양송이버섯, 소금, 올리브오일을 넣어 버무린 후 달걀 2개를 올린다. 통후추 간 것, 파마산 치즈가루를 뿌린 후 190℃로 예열한 오븐(미니 오븐 동일)에서 15~17분간 굽는다. }

eGL	3 이하
탄수화물 함량(g)	23
kcal	402

캐슈너트드레싱의 구운 치킨샐러드

1
식이섬유가 풍부한 샐러드 채소와 저지방 고단백의 닭가슴살로 만든 Low GL 음식이에요.

2
캐슈너트는 식물성 불포화지방이 풍부해 함께 먹으면 혈당부하를 줄이는 데 도움을 줘요.

 고단백

 저염

 혈관 건강

 노화 방지

색다르게 먹으면서 실천하는
Low GL | 샐러드

🕐 20~25분

- 닭가슴살 1쪽
  (또는 닭안심 4쪽, 100g)
- 샐러드 채소 50g
- 말린 크랜베리 1큰술(10g)

밑간
- 올리브유 1작은술
- 소금 약간
- 후춧가루 약간

캐슈너트드레싱
- 캐슈너트 1과 1/2큰술
  (또는 다른 견과류, 15g)
- 저지방 우유 4큰술
- 올리고당 1/2작은술
- 소금 약간
- 통후추 간 것 약간

1 닭가슴살은 0.5cm 두께로 비스듬하게 썰어 밑간 재료에 버무려 10분간 재운다.

2 샐러드 채소는 흐르는 물에 씻은 후 체에 밭쳐 물기를 빼고 한입 크기로 썬다.
말린 크랜베리는 2등분한다.

3 달군 팬에 캐슈너트드레싱 재료의 캐슈너트를 넣어 중약 불에서 1분간 볶는다. 1/3분량은 2등분하여 따로 둔다.

4 푸드 프로세서에 캐슈너트 2/3분량을 넣어 곱게 간 후 나머지 드레싱 재료를 넣어 골고루 섞는다.

5 팬을 닦고 다시 달궈 닭가슴살을 넣어 중간 불에서 앞뒤로 각각 1분 30초씩 굽는다.

6 큰 볼에 모든 재료와 ③의 캐슈너트 1/3분량, 드레싱을 넣어 골고루 버무린다.

eGL	3이하
탄수화물 함량(g)	17
kcal	275

토마토 브로콜리샐러드

1
식이섬유가 풍부한 브로콜리와 토마토를 넣어 GL을 낮췄어요.

2
채소를 큼직하게 썰어 꼭꼭 오래 씹어 먹으면 혈당이 급격히 오르는 것을 막아 GL을 낮출 수 있어요.

3
식물성 불포화지방이 풍부한 땅콩을 넣어 영양 균형과 Low GL 메뉴를 완성했어요.

 저염
 뼈 건강
 피로 해소
 노화 방지

색다르게 먹으면서 실천하는
Low GL 샐러드

⏱ 20~25분

- 토마토 1개
  (또는 방울토마토 10개, 150g)
- 브로콜리 1/6개(50g)
- 달걀 1개
- 소금 약간

땅콩드레싱

- 땅콩 1과 1/2큰술
  (또는 다른 견과류, 15g)
- 저지방 우유 1큰술
- 양조간장 1작은술
- 올리고당 1작은술
- 올리브유 2작은술
- 소금 약간

1

냄비에 달걀, 잠길 만큼의 물, 소금을 넣어 센 불에서 끓어오르면 약한 불로 줄여 12분간 삶는다. 찬물에 헹궈 달걀껍데기를 벗긴다.

2

브로콜리 데칠 물(물 3컵 + 소금 1작은술)을 끓인다. 토마토는 1cm 두께로 썬 후 열십(+)자로 4등분한다. 브로콜리와 삶은 달걀은 한입 크기로 썬다.

3

②의 끓는 물에 브로콜리를 넣어 데친 후 재빨리 찬물에 헹궈 체에 밭쳐 물기를 뺀다.

4

푸드 프로세서에 드레싱 재료의 땅콩을 넣어 곱게 간 후 나머지 드레싱 재료를 넣어 골고루 섞는다.

5

큰 볼에 모든 재료와 드레싱을 넣어 골고루 버무린다.

eGL	3 이하
탄수화물 함량(g)	11
kcal	298

두부 달걀 파프리카샐러드

1
식이섬유가 풍부한 생채소는 충분히 씹어야 하고, 혈당이 급격히 오르는 것을 막을 수 있어 Low GL 식재료로 좋아요.

2
불포화지방이 함유되어 있는 참기름과 통깨를 넣어 탄수화물의 소화 흡수를 늦춰 혈당의 급격한 상승을 억제해요.

 고단백

 저염

 피로해소

노화방지

198

색다르게 먹으면서 실천하는
Low GL 샐러드

🕐 20~25분

- 두부 큰 팩 1/2모
  (부침용, 150g)
- 달걀 1개
- 파프리카 1/4개(50g)
- 샐러드 채소 50g
  (또는 어린잎 채소)
- 소금 약간

오리엔탈드레싱

- 다진 마늘 1/3작은술
- 양조간장 2작은술
- 식초 1과 1/2작은술
- 올리고당 1/2작은술
- 올리브유 1과 1/2작은술
- 참기름 1/2작은술
- 통깨 약간

1

냄비에 달걀, 잠길 만큼의 물, 소금을 넣어 센 불에서 끓어오르면 약한 불로 줄여 12분간 삶는다. 찬물에 헹궈 달걀껍데기를 벗긴다.

2

두부 데칠 물(3컵)을 끓인다. 두부는 사방 1.5cm 크기로 썬다. 파프리카는 0.3cm 폭으로 채 썰고, ①의 삶은 달걀은 한입 크기로 썬다.

3

샐러드 채소는 흐르는 물에 씻은 후 체에 밭쳐 물기를 빼고 한입 크기로 썬다.

4

작은 볼에 오리엔탈드레싱 재료를 모두 넣어 섞는다.

5

②의 끓는 물에 두부를 넣어 2분간 데친 후 체에 밭쳐 물기를 뺀다.

6

큰 볼에 모든 재료와 드레싱을 넣어 골고루 버무린다.

eGL	5
탄수화물 함량(g)	9
kcal	153

구운 연어 시금치샐러드

1
연어는 고단백 식품으로 불포화지방인 오메가3가 풍부해 Low GL 식사에 좋은 재료예요.

2
요구르트 드레싱을 만들 때는 당을 추가하지 않은 100% 플레인 요구르트를 사용하세요.

- 고단백
- 저염
- 혈관 건강
- 뼈 건강

색다르게 먹으면서 실천하는
Low GL 샐러드

⏱ 20~25분

- 연어 100g
- 시금치 1줌(50g)
- 래디쉬 1개(5g, 생략 가능)

밑간
- 소금 약간
- 통 후추 간 것 약간

파슬리 요구르트드레싱
- 다진 양파 2큰술(20g)
- 생수 1큰술
- 떠먹는 플레인 요구르트 3큰술
- 말린 파슬리 1작은술
- 레몬즙 1과 1/2작은술
- 소금 약간
- 통후추 간 것 약간

1
연어는 사방 2cm 크기로 썬 후 밑간 재료를 골고루 뿌려 10분간 재운다.

2
시금치는 밑동을 제거하고 흐르는 물에 씻은 후 체에 밭쳐 물기를 뺀다. ✱ 생으로 먹는 시금치는 작고 여린 것으로 고르는 것이 좋다.

3
시금치는 3cm 길이로 썰고, 래디쉬는 모양대로 0.3cm 두께로 썬다.

4
볼에 드레싱 재료를 모두 넣어 섞는다.

5
달군 팬에 연어를 올려 약한 불에서 굴려가며 5분간 굽는다.

6
그릇에 시금치를 담고 래디쉬, 연어를 올린 후 드레싱을 곁들인다.

연어 대신 새우로 대체해 다양하게 즐기기

냉동 생새우살 5마리(킹 사이즈, 75g)는 찬물에 10분간 담가 해동한 후 체에 밭쳐 물기를 뺀다. 연어 대신 넣어 동일하게 진행한다.

eGL	8
탄수화물 함량(g)	27
kcal	243

사과 호두샐러드

1 과일 중에서 GL이 낮고 식이섬유가 풍부한 사과를 사용했어요.

2 불포화지방 함유량이 많은 호두를 넣었어요.

3 요구르트드레싱을 만들 때는 당을 추가하지 않은 100% 플레인 요구르트를 사용하세요.

- 저염
- 혈관 건강

색다르게 먹으면서 실천하는 Low GL 샐러드

⏱ 10~15분

- 사과 1/2개(100g)
- 샐러드 채소(또는 어린잎 채소) 40g
- 호두 3개(또는 다른 견과류, 20g)
- 브리치즈 1/2개
  (또는 까망베르 치즈·
  스트링 치즈·삶은 달걀, 50g)

요구르트드레싱
- 다진 양파 1큰술(10g)
- 레몬즙 1큰술
- 플레인 요구르트 6큰술(60g)
- 올리고당 1작은술
- 소금 약간

1
샐러드 채소는 흐르는 물에 씻은 후 체에 밭쳐 물기를 빼고 한입 크기로 썬다.

2
사과는 8등분한 후 1cm 두께로 썰고, 호두는 굵게 다진다. 브리치즈는 0.5cm 두께로 썬다.

3
볼에 드레싱 재료를 모두 넣어 섞는다.

4
큰 볼에 모든 재료와 드레싱을 넣어 골고루 버무린다.

eGL	11
탄수화물 함량(g)	28
kcal	275

또띠야를 곁들인 카프레제 샐러드

1
탄수화물 함량이 높은 일반 또띠야 대신 도정하지 않은 통밀로 만든 또띠야를 사용해 GL을 줄였어요.

2
치즈의 지방과 단백질은 탄수화물의 소화 흡수를 지연시켜 혈당의 급격한 상승을 억제해요.

3
식이섬유가 풍부한 방울토마토와 어린잎 채소를 함께 먹으면 GL을 낮추는 데 도움을 줘요.

- 저염
- 혈관 건강
- 뼈 건강

색다르게 먹으면서 실천하는
Low GL 샐러드

⏱ 10~15분

- 방울토마토 5개
  (또는 토마토 1/2개, 75g)
- 생 모짜렐라치즈 1/2개(60g)
- 어린잎 채소 1줌
  (또는 샐러드 채소, 20g)
- 올리브유 1작은술
- 통밀 또띠야 1장(25g)

발사믹 글레이즈
- 발사믹 식초 2큰술
- 올리고당 1작은술
- 소금 약간

1

냄비에 발사믹 글레이즈 재료를 넣어 센 불에서 가장자리가 끓어오르면 약한 불로 줄여 1분간 저어가며 끓인다. 불을 끄고 완전히 식힌다.

2
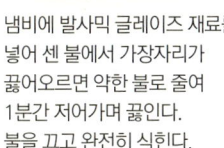
어린잎 채소는 흐르는 물에 씻은 후 체에 밭쳐 물기를 뺀다.

3

방울토마토는 4등분하고, 생 모짜렐라치즈는 사방 2cm 크기로 썬다.

4

달군 팬에 또띠야를 올려 중약 불에서 앞뒤로 각각 1분씩 구운 후 4등분한다.

5

접시에 어린잎 채소, 방울토마토, 생 모짜렐라치즈를 담고 올리브유와 ①의 발사믹 글레이즈를 뿌린다. 또띠야를 곁들인다.

eGL	14
탄수화물 함량(g)	37
kcal	273

구운 채소 퀴노아샐러드

1 채소를 구워 자체의 단맛으로 맛을 내는 샐러드로, 당류를 더하지 않아도 맛이 좋고 GL이 낮아요.

2 채소는 너무 푹 익히는 것보다 껍질째 사용하고 살짝 익히는 것이 Low GL 식사로 더 좋아요.

🕐 35~40분

- 어린잎 채소 1줌(20g)
- 퀴노아 1/4컵(30g)
- 주키니 호박 1/10개(50g)
- 가지 1/5개(40g)
- 당근 1/8개(25g)
- 미니 파프리카 2개 (또는 파프리카 1/4개, 50g)
- 마늘 2쪽(10g)
- 방울토마토 5개(75g)
- 발사믹 식초 1큰술
- 올리브유 1작은술

밑간
- 올리브유 1/2큰술
- 소금 약간
- 후춧가루 약간
- 말린 바질가루 (또는 허브가루) 약간

1 냄비에 퀴노아, 물(1과 1/2컵), 소금(1/4작은술)을 넣어 센 불에서 끓어오르면 약한 불로 줄여 10분간 익힌다. 체에 밭쳐 물기를 빼고 한 김 식힌다.

2 오븐은 190℃로 예열한다. 주키니 호박, 가지, 당근은 한입 크기로 썬다. 미니 파프리카, 마늘과 방울토마토는 2등분한다. 큰 볼에 밑간 재료를 넣어 섞은 후 모든 채소를 넣고 버무린다.

3 종이 포일을 깐 오븐 팬에 ②를 펼쳐 올리고 예열된 오븐의 가운데 칸에서 15~17분간 굽는다.

4 어린잎 채소는 흐르는 물에 헹군 후 체에 밭쳐 물기를 뺀다. 큰 볼에 모든 재료를 넣어 골고루 버무린다.

- 저염
- 혈관 건강
- 피로 해소

Low GL 일품요리

- ☑ 특별한 날 즐기기 좋은 색다른 Low GL 메뉴를 소개합니다.
- ☑ 탄수화물 함량이 많은 메뉴의 재료를 채소나 단백질 식품으로 대체해 GL을 낮췄어요.
- ☑ Low GL 밥(046~050쪽) 1/2공기를 곁들여 반찬으로 즐겨도 좋아요.
- ☑ 분량의 1/2만 만들어 간식으로 활용해도 좋아요.
  단, 하루 총열량을 고려해 섭취하세요.

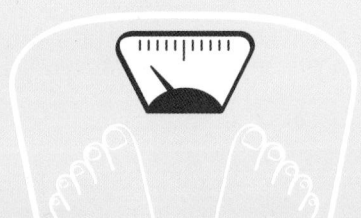

eGL 3 이하

탄수화물 함량(g) 8

kcal 268

숙주 참치오믈렛

1
숙주와 참치를 볶아 오믈렛의 속을 채운 메뉴로 GL이 낮아요.

2
수분과 식이섬유가 풍부한 숙주를 사용해 혈당 상승이 적고, 아삭한 식감이 살아있어요.

3
단백질과 불포화지방이 풍부한 참치는 탄수화물의 소화, 흡수를 늦추는 데 도움을 줘요.

 고단백

 빈혈예방

 뼈 건강

 노화방지

색다르게 먹으면서 실천하는
Low GL **일품**

⏱ **20~25분**

- 숙주 2줌(100g)
- 양파 1/8개(25g)
- 통조림 마일드 참치 1/2캔
  (작은 것, 또는 통조림 연어·
  통조림 닭가슴살, 50g)
- 양조간장 1작은술
- 식용유 1작은술

달걀물
- 달걀 2개
- 저지방 우유(또는 물) 2큰술
- 소금 1/4작은술
- 후춧가루 약간

1

양파는 가늘게 채 썬다.
숙주는 흐르는 물에 씻은 후
체에 밭쳐 물기를 뺀다.

2

볼에 달걀물 재료를 모두 넣어
가볍게 푼다.

3

참치는 체에 밭쳐 숟가락으로
눌러가며 기름기를 뺀다.

4

달군 팬에 숙주와 양파를 넣고
중간 불에서 1분 30초, 참치와
양조간장을 넣고 30초간 볶아
접시에 덜어둔다.

5

달군 팬에 식용유를 두르고
달걀물을 부어 약한 불에서
1분간 그대로 익힌다.

6

⑤의 달걀 지단 한쪽에 ④를
올린 후 달걀 지단을 반으로
접어 1분 30초간 더 익힌 후
그대로 그릇에 담는다.

eGL	3 이하
탄수화물 함량(g)	16
kcal	346

두부 김치피자

1 GL이 높은 밀가루 도우 대신 고단백의 두부를 활용해 GL을 확 낮춘 메뉴예요.

2 김치의 염도를 낮추기 위해 양념은 털어내고 사용했어요.

3 한 끼 식사로도 좋고 간식이나 맥주 안주로도 잘 어울려요.

 고단백

 혈관건강

 대장건강

 노화방지

25~30분

- 두부 작은 팩 1모(부침용, 210g)
- 익은 배추김치 1/2컵(75g)
- 청피망 1/4개(25g)
- 양파 1/8개(25g)
- 시판 토마토소스 4큰술
- 슈레드 피자치즈 약 1/3컵(30g)
- 소금 약간
- 식용유 1작은술 + 1작은술

1 두부는 모양대로 1cm 두께로 넓게 썬 후 키친타월 위에 올려 소금을 골고루 뿌리고 5분간 절인다.

2 배추김치는 속을 털어낸 뒤 물기를 꼭 짠다. 배추김치, 피망, 양파는 1×1cm 크기로 썬다.

3 달군 팬에 식용유(1작은술)를 두르고 배추김치를 넣어 중약 불에서 1분 30초, 피망, 양파를 넣어 1분 30초간 볶는다.

4 토마토소스를 넣어 약한 불에서 1분 30초간 볶은 후 접시에 덜어둔다.

5 팬을 닦고 다시 달궈 식용유(1작은술)를 두르고 두부를 올려 중간 불에서 앞뒤로 각각 2분씩 노릇하게 굽는다.

6 ⑤의 두부에 ④와 슈레드 피자치즈를 나눠 올린다. 뚜껑을 덮고 약한 불에서 3분간 익혀 치즈를 녹인다.

eGL	3 이하
탄수화물 함량(g)	9
kcal	370

채소구이를 곁들인
쪽파 간장소스 등심스테이크

1
단백질이 풍부한 쇠고기와 식이섬유가 풍부한 채소를 넉넉히 함께 먹는 든든한 메뉴예요.

2
채소를 큼직하게 썰고 살짝 익혀 꼭꼭 씹어 먹으면 포만감을 늘리고 GL을 낮출 수 있어요.

고단백

혈관 건강

빈혈 예방

피로 해소

색다르게 먹으면서 실천하는 Low GL 일품

⏱ 25~30분

- 쇠고기 등심(또는 쇠고기 안심) 150g
- 애호박 1/9개
  (또는 주키니 호박 1/16개, 30g)
- 파프리카 1/5개(40g)
- 양파 1/5개(40g)
- 소금 약간

밑간
- 소금 약간
- 통후추 간 것 약간
- 올리브유(또는 식용유) 1작은술

쪽파 간장소스
- 쪽파 1줄기
  (또는 대파 5cm, 부추 1/5줌, 8g)
- 생수 1작은술
- 식초 1작은큰술
- 양조간장 1작은술
- 올리고당 1/3작은술
- 참기름 1/2작은술
- 후춧가루 약간

1
쇠고기는 키친타월로 감싸 핏물을 제거하고 한입 크기로 썬다. 볼에 밑간 재료와 쇠고기를 넣고 버무려 10분간 재운다.

2
애호박은 0.5cm 두께로 썰고, 파프리카와 양파는 한입 크기로 썬다. 쪽파 간장소스의 쪽파는 송송 썬다. 볼에 쪽파 간장소스 재료를 모두 넣어 섞는다.

3
달군 팬에 애호박, 파프리카, 양파를 넣어 소금을 뿌리고 센 불에서 뒤집어가며 3분간 구운 후 접시에 덜어둔다.

4
팬을 닦고 다시 달궈 쇠고기를 넣어 센 불에서 앞뒤로 각각 2분씩 굽는다. ★ 쇠고기 두께에 따라 굽는 시간을 조절한다.

5
접시에 모든 재료를 담고 쪽파 간장소스를 곁들인다.

eGL	3 이하
탄수화물 함량(g)	13
kcal	268

버섯 프리타타

1 식이섬유가 풍부한 버섯과 채소를 듬뿍 넣어 GL을 낮췄어요.

2 저지방 우유를 넣어 열량을 줄이고 부드럽게 조리했어요.

3 아침 식사나 브런치로 먹기 좋은 메뉴예요.

🕐 20~25분

- 양송이버섯 4개
  (또는 새송이버섯, 80g)
- 피망 1/4개
  (또는 파프리카, 25g)
- 양파 1/8개(25g)
- 식용유 1작은술
- 소금 약간

달걀물
- 달걀 2개
- 파마산 치즈가루 1큰술
- 소금 1/4작은술
- 후춧가루 약간
- 저지방 우유 1/4컵(50mℓ)

1 양송이버섯은 밑동을 제거하고 0.5cm 두께로 썰고, 피망과 양파는 1.5×1.5cm 크기로 썬다.

2 볼에 달걀물 재료를 넣어 골고루 섞는다.

3 달군 팬에 식용유를 두르고 양송이버섯, 피망, 양파, 소금을 넣어 센 불에서 1분간 볶는다.

4 ②를 붓고 약한 불로 줄인 후 뚜껑을 덮어 7분간 익힌다. 불을 끄고 뚜껑을 덮은 채 1분간 뜸을 들인다.

아스파라거스 찹스테이크

eGL	3 이하
탄수화물 함량(g)	14
kcal	311

1 단백질이 풍부한 쇠고기와 식이섬유가 풍부한 채소를 매콤하게 볶은 메뉴예요.

2 감칠맛이 있는 방울토마토를 넉넉히 넣는 대신 양념을 최소한으로 사용해 나트륨 섭취량을 줄였어요.

3 가벼운 와인 안주로 추천해요.

⏱ 20~25분

- 쇠고기 안심 (또는 쇠고기 등심) 150g
- 방울토마토 10개 (또는 토마토 1개, 150g)
- 아스파라거스 5줄기(100g)
- 마늘 2쪽
- 고추기름(또는 식용유) 1작은술
- 소금 1/3작은술
- 통후추 간 것 1작은술 + 약간
- 파슬리 가루 1/2작은술 (또는 허브 가루, 생략 가능)

1 쇠고기는 키친타월로 감싸 핏물을 제거하고 사방 2cm 크기로 썬다. 통후추 간 것(1작은술)을 골고루 뿌려 5분간 재운다.

2 방울토마토는 2등분하고, 아스파라거스는 밑동을 제거한 후 3cm 길이로 어슷 썬다. 마늘은 편으로 썬다.

3 달군 팬에 고추기름을 두르고 마늘을 넣어 약한 불에서 1분간 볶은 후 쇠고기를 넣고 센 불로 올려 2분간 볶는다.

4 방울토마토, 아스파라거스, 소금을 넣어 방울토마토를 으깨가며 1분간 볶는다. 통후추 간 것(약간), 파슬리 가루를 뿌린다.

고단백 / 혈관건강 / 피로해소 / 노화방지

eGL	3이하
탄수화물 함량(g)	16
kcal	329

구운 피망샐러드를 곁들인 닭다리살스테이크

1
닭다리살을 구워 스테이크로 즐기는 메뉴예요. 열량을 더 낮추고 싶다면 껍질을 벗기고 조리하세요.

2
영양 균형을 위해 구운 피망샐러드를 듬뿍 곁들였어요. 포만감을 더 높이기 위해 피망샐러드의 양을 조금 늘려도 좋아요.

- 고단백
- 피로해소
- 노화방지

30~35분

- 닭다리살 3쪽
  (또는 닭안심 8쪽, 200g)
- 피망 1개
  (또는 파프리카 1/2개, 100g)
- 청양고추 1개
- 소금 약간
- 식용유 1작은술

드레싱
- 다진 양파 1큰술
- 레몬즙 1큰술
- 올리고당 1작은술
- 소금 약간
- 후춧가루 약간

양념
- 물 2큰술
- 맛술 1큰술
- 양조간장 1/2큰술
- 다진 마늘 1작은술

1 피망은 4cm 길이, 0.5cm 폭으로 썰고, 청양고추는 3등분한다. 볼에 드레싱 재료를 모두 넣어 섞는다.

2 볼에 양념 재료를 모두 넣어 섞는다.

3 닭다리살은 칼끝으로 껍질쪽에 여러 군데 칼집을 낸다.
큰 볼에 닭다리살, ②의 양념, 청양고추를 넣고 버무려 10분간 재운다.

4 달군 팬에 기름을 두르지 않은 채 피망, 소금을 넣어 중간 불에서 1분 30초간 볶은 후 불에서 내려 바로 ①의 드레싱을 넣어 버무린다.

5 팬을 닦고 다시 달궈 식용유를 두르고 닭다리살 껍질 부분이 팬의 바닥에 닿도록 올린다. 중간 불에서 1분간 구운 후 뚜껑을 덮고 약한 불로 줄여 뒤집어가며 5분간 익힌다. 뚜껑을 열고 뒤집어가며 2분간 더 익힌다.

6 그릇에 ⑤를 담고 피망샐러드를 곁들인다.
★ 닭다리살을 한입 크기로 썰어 올려도 좋다.

eGL	3 이하
탄수화물 함량(g)	9
kcal	252

통깨소스 연어구이

1
연어는 고단백 식품이면서도 불포화지방인 오메가3가 풍부해 Low GL 식사에 좋은 재료예요.

2
고소한 연어와 통깨 소스, 쌉싸래한 맛의 대파가 잘 어우러져 한 끼 식사로 손색이 없어요.

3
열량이 높지 않으니 Low GL 밥을 반 공기 정도 곁들여 먹어도 좋아요.

 고단백

 저염

 혈관 건강

 뼈 건강

색다르게 먹으면서 실천하는
Low GL **일품**

⏱ 30~35분

- 연어 1토막(스테이크용, 150g)
- 대파 채 40g
  (또는 양파 채 1/5개)
- 청주 1큰술
- 소금 약간

통깨소스

- 통깨 1큰술
- 물 3큰술
- 맛술 1/2큰술
- 된장 1/2큰술
- 다진 마늘 1/2작은술

1

연어에 청주, 소금을 골고루 뿌려 10분간 재운다.

2
대파 채는 찬물에 10분간 담가 매운맛을 제거하고 체에 밭쳐 물기를 뺀다.

3

위생팩에 통깨소스 재료의 통깨를 넣고 밀대로 밀어 곱게 부순다. 볼에 통깨를 제외한 나머지 통깨소스 재료를 섞는다.

4

달군 팬에 연어를 올려 중간 불에서 앞뒤로 각각 2분씩 구운 후 약한 불로 줄여 앞 뒤로 각각 1분씩 더 구워 접시에 덜어둔다.

5

냄비에 통깨소스를 넣고 센 불에서 가장자리가 끓어오르면 약한 불로 줄여 30초간 저어가며 끓인다. 불을 끄고 ③의 통깨를 넣어 섞는다.

6

그릇에 연어를 담고 대파 채와 통깨소스를 곁들인다.

{ **된장 양파조림을 곁들여 색다르게 즐기기** }

대파 채와 통깨소스를 생략하고 양파 1/5개(40g)는 가늘게 채 썬다.
작은 볼에 우유 1큰술, 청주 1작은술, 된장 1작은술, 올리고당 1작은술을 넣어 섞는다.
달군 팬에 양파와 물(3큰술)을 넣고 중간 불에서 1분간 볶은 후 양념을 넣고
약한 불로 줄여 30초간 저어가며 끓여 연어구이에 곁들인다.

eGL	4
탄수화물 함량(g)	22
kcal	400

폭찹 스테이크

1
저지방 고단백의 돼지고기 안심으로 만들어 GL과 열량을 낮췄어요.

2
새콤달콤한 맛을 위해 파인애플을 넣었지만 당 함량이 높은 과일이므로 사과로 대체하면 GL을 더 낮출 수 있어요.

3
일반 케첩보다 당 함량을 1/2 이상 줄인 하프 토마토케첩을 사용했어요.

 고단백

 혈관건강

 피로해소

 노화방지

색다르게 먹으면서 실천하는
Low GL | 일품

🕐 30~35분

- 돼지고기 안심 100g
- 양파 1/7개(30g)
- 피망 1/2개
  (또는 파프리카 1/4개, 50g)
- 파인애플 링 1/2개
  (또는 사과 1/4개, 50g, 생략 가능)
- 통밀가루 1과 1/2큰술
- 식용유 2작은술

밑간
- 청주 1작은술
- 소금 약간
- 후춧가루 약간

소스
- 물 1큰술
- 하프 토마토케첩 2큰술
- 다진 마늘 1/2작은술
- 레몬즙 2작은술
- 양조간장 1작은술
- 올리고당 2작은술
- 후춧가루 약간

1
돼지고기 안심은 0.5cm 두께로 비스듬하게 썬다.
볼에 밑간 재료와 함께 넣고 골고루 버무려 10분간 재운다.

2
양파, 피망, 파인애플은 한입 크기로 썬다. 볼에 소스 재료를 넣어 섞는다.

3
돼지고기는 앞뒤로 통밀가루를 골고루 묻힌다.

4
달군 팬에 기름을 두르지 않은 채, 파인애플을 넣고 중간 불에서 앞뒤로 각각 1분씩 구운 후 접시에 덜어둔다.

5
팬을 닦고 다시 달궈 식용유를 두르고 돼지고기를 넣어 중약 불에서 뒤집어가며 4분 30초간 노릇하게 구운 후 키친타월 위에 올려 기름기를 뺀다.

6
팬을 닦고 다시 달궈 양파와 피망을 넣어 중간 불에서 2분간 볶은 후 소스를 넣고 약한 불로 줄여 30초, 고기를 넣고 30초간 볶는다. 그릇에 담고 파인애플을 곁들인다.

eGL	5
탄수화물 함량(g)	36
kcal	378

아보카도 또띠야피자

1
탄수화물 함량이 높은 일반 또띠야 대신 도정하지 않은 통밀로 만든 또띠야를 사용해 GL을 낮췄어요.

2
지방의 함량을 반으로 줄인 하프 마요네즈를 사용해 열량을 줄였어요.

3
아보카도와 아몬드는 식물성 불포화지방이 풍부해 혈당 상승을 줄이고 GL을 낮춰줘요.

 저염

 대장건강

 피로해소

 노화방지

색다르게 먹으면서 실천하는
Low GL 일품

⏱ 20~25분

- 통밀 또띠야 1장
- 아보카도 1/2개(100g)
- 로메인 2장
  (또는 샐러드 채소, 20g)
- 방울토마토 4개(60g)
- 레몬즙 2작은술
- 아몬드 슬라이스 1큰술
  (또는 다진 견과류, 5g)

아보카도스프레드
- 다진 양파 2큰술(20g)
- 레몬즙 2작은술
- 소금 약간

마요네즈소스
- 레몬즙 1작은술
- 올리고당 1/2작은술
- 하프 마요네즈 2작은술
- 소금 약간
- 후춧가루 약간

1
달군 팬에 기름을 두르지 않은 채 또띠야를 올려 중약 불에서 앞뒤로 각각 1분씩 굽는다.

2
로메인은 1cm 폭으로 썰고, 방울토마토는 2등분한다.

3
아보카도는 가운데 씨가 있는 부분까지 깊게 칼날을 넣고 한 바퀴 돌려 칼집을 낸다. 양쪽을 잡고 서로 반대 방향으로 비틀어 벌린 다음 칼날 뒷부분으로 씨를 꼭 찍어 비틀며 뺀다. 손으로 껍질을 벗긴다.

4
아보카도 1/2분량은 0.5cm 두께로 썬 후 레몬즙을 뿌린다. 볼에 나머지 1/2분량을 넣고 숟가락으로 곱게 으깬 뒤 아보카도스프레드재료를 넣어 섞는다. ＊아보카도는 쉽게 갈변하므로 레몬즙을 뿌려둔다.

5
볼에 마요네즈소스 재료를 넣고 섞은 뒤 로메인을 넣어 가볍게 버무린다. ＊미리 버무리면 숨이 죽으므로 먹기 직전에 버무린다.

6
또띠야 위에 아보카도 스프레드를 바르고 아보카도, ⑤, 방울토마토, 아몬드 슬라이스를 올린다.

샐러드로 색다르게 즐기기

통밀 또띠야를 생략하고 볼에 아보카도스프레드, 마요네즈소스, 레몬즙을 섞어 드레싱을 만든다. 로메인은 5장(50g)으로 늘린다. 볼에 로메인, 방울토마토, 아보카도, 드레싱을 넣고 골고루 버무린 후 아몬드 슬라이스를 뿌린다.

eGL	14
탄수화물 함량(g)	35
kcal	300

새우 토마토스튜

1 토마토로 만든 스튜에 통밀로 만든 또띠야를 곁들이는 메뉴예요.

2 감칠맛이 있는 토마토를 넣어 간을 많이 하지 않아도 돼 나트륨 섭취량을 줄일 수 있어요.

3 식이섬유가 풍부한 채소를 듬뿍 넣어 탄수화물의 소화, 흡수를 늦췄어요.

 고단백

 뼈 건강

 피로 해소

노화 방지

색다르게 먹으면서 실천하는 Low GL 일품

⏱ 35~40분

- 통밀 또띠야 1장(25g)
- 토마토 2개(300g)
- 냉동 생새우살 5마리
  (킹 사이즈, 75g)
- 애호박 1/5개
  (또는 주키니 호박 1/10개, 50g)
- 가지 1/4개
  (또는 새송이버섯, 50g)
- 양파 1/4개(50g)
- 건고추 1개
  (또는 청양고추, 생략 가능)
- 올리브유 1작은술 + 1작은술
- 소금 약간
- 파슬리 가루 약간(생략 가능)

밑간
- 고춧가루 1작은술
- 소금 1/3작은술
- 다진 마늘 1작은술

1
냉동 생새우살은 찬물(2컵)에 10분간 담가 해동한 후 체에 밭쳐 물기를 뺀다. 볼에 밑간 재료와 함께 넣고 버무려 10분간 재운다.

2
토마토는 2등분하고 숟가락으로 속을 파내 체에 담는다. 체에 밭쳐 토마토 씨를 긁어낸다. 토마토 즙과 속을 사용하고 씨는 버린다.

3
토마토는 3×3cm 크기로 썰고, 애호박, 가지는 사방 1cm 크기, 양파는 1×1cm 크기로 썬다. 건고추는 3~4등분한다.

4
달군 팬에 기름을 두르지 않은 채 또띠야를 올려 중약 불에서 앞뒤로 각각 1분씩 굽는다.

5
달군 냄비에 올리브유(1작은술)를 두르고 건고추와 양파를 넣어 중약 불에서 2분, 새우, 애호박, 가지를 넣어 2분간 볶는다.

6
토마토를 넣고 섞은 후 뚜껑을 덮고 약한 불에서 8분간 끓인다. 건고추를 건지고 소금, 올리브유(1작은술)를 넣어 섞는다. 그릇에 담고 파슬리 가루를 뿌린 후 또띠야를 곁들인다.

대표 식재료의 eGL

분류	식품명	중량(g)	eGL	열량(Kcal)
전분 및 통곡류	백미	30	17	106
	보리	30	15	104
	현미	30	15	110
	찹쌀	30	16	108
	밀가루	30	12	145
	메밀 가루	30	14	108
	건 당면	30	18	105
	팥	30	11	101
	녹두	30	9	101
	완두콩	30	8	103
	옥수수(생것)	70	11	74
	칼국수	90	16	119
	수제비	90	22	185
	감자	100	11	66
	고구마	100	20	128
	도토리묵	200	13	86
	메밀묵	200	17	116
전분 채소류	우엉, 생것	40	5	26
	도라지, 생것	40	7	38
	단호박, 생것	40	7	26
	연근, 생것	40	6	27
	토란, 생것	40	5	23
	당근, 생것	70	5	24
채소류	오이	70	3이하	8
	애호박	70	5	17
	콩나물	70	3이하	22
	숙주	70	3이하	8
	파프리카	70	3이하	8
	표고버섯	50	3이하	19
	새송이버섯	50	4	18
유지 및 견과류	콩기름	5	3이하	44
	호두	8	3이하	53
	아몬드	8	3이하	48
	마가린	5	3이하	36
	버터	5	3이하	38
	생크림	15	3이하	60

분류	식품명	중량(g)	eGL	열량(Kcal)
고당 과일류	단감	100	15	83
	바나나	100	14	80
	파인애플	200	8	46
	곶감	30	10	71
과일류	아보카도	50	3이하	94
	망고	70	9	45
	사과	80	10	46
	키위	80	9	43
	오렌지	100	8	43
	배	110	10	56
	귤	120	10	50
	딸기	150	9	53
	수박	150	7	36
	참외	150	8	27
	복숭아	150	9	51
동물성 고지방 단백질 식품	소갈비	100	3이하	307
	소등심	100	3이하	192
	삼겹살	100	3이하	331
	돼지 목살	100	3이하	180
	햄	60	3이하	124
	돼지 안심	100	3이하	223
	닭가슴살	100	3이하	208
	메추리알	40	3이하	70
	달걀	55	3이하	76
동물성 저지방 단백질 식품	고등어	100	3이하	183
	꽁치	100	3이하	165
	갈치	100	3이하	149
	오징어	100	3	95
	새우	50	3이하	41
	문어	100	3	74
	낙지	100	3이하	53
식물성 단백질 식품	강낭콩	20	3이하	31
	대두	20	3이하	80
	서리태	20	3이하	76
	두부	100	3이하	84
	연두부	100	3	50
	콩비지	100	3이하	58
	유부	30	3이하	104
	순두부	100	3이하	47

음식의 eGL

분류	식품명	분량 기준	eGL	열량 (Kcal)
밥	쌀밥	1공기	45	317
	현미밥(현미100%)	1공기	41	315
	보리밥(보리100%)	1공기	37	311
	콩밥 (백미 90%, 콩 10%)	1공기	39	319
죽	팥죽	1인분	30	322
	단팥죽	1인분	47	388
	호박죽	1인분	36	302
	깨죽	1인분	14	221
	소고기 버섯죽	1인분	25	227
	전복죽	1인분	24	252
	잣죽	1인분	19	271
김치	갓김치	1인분	4	25
	고들빼기김치	1인분	3이하	40
	나박김치	1인분	3이하	9
	배추김치	1인분	3이하	11
	열무김치	1인분	4	19
	총각김치	1인분	4	21
	파김치	1인분	4	31
구이, 찜, 조림	갈치구이	1인분	3이하	104
	고등어구이	1인분	3이하	128
	갈비구이	1인분	3이하	328
	불고기	1인분	6	162
	돼지불고기	1인분	3이하	230
	돼지갈비찜	1인분	3이하	273
	소갈비찜	1인분	3이하	297
	갈치조림	1인분	4	142
	어묵조림	1인분	11	133
	고등어조림	1인분	3이하	172
	꽁치조림	1인분	3이하	147
	돼지고기 메추리알조림	1인분	3이하	174
	돼지고기장조림	1인분	3이하	182
	감자조림	1인분	12	87
	고구마조림	1인분	19	136
	연근조림	1인분	9	62
	우엉조림	1인분	7	82
구이, 찜, 조림	토란조림	1인분	10	74
	검정콩조림	1인분	3이하	101
	두부양념 조림	1인분	3이하	129
무침	김무침	1인분	3이하	13
	도라지무침	1인분	11	83
	도토리묵무침	1인분	7	66
	무말랭이무침	1인분	10	97
	오이지무침	1인분	4	30
	고구마줄기무침	1인분	6	54
	골뱅이무침	1인분	6	102
	오징어무침	1인분	6	121
	홍어회무침	1인분	7	85
	고사리나물	1인분	3이하	56
	냉이나물	1인분	4	66
	도라지나물	1인분	8	65
	숙주나물	1인분	3이하	14
	시금치나물	1인분	3이하	54
	콩나물	1인분	3이하	40
	취나물	1인분	3이하	41
볶음 및 튀김	취나물볶음	1인분	3이하	74
	오징어볶음	1인분	5	155
	잔멸치볶음	1인분	4	89
	곱창볶음	1인분	3이하	161
	돼지고기 고추장볶음	1인분	3이하	244
	가지볶음	1인분	3이하	53
	감자 채소볶음	1인분	6	95
	어묵볶음	1인분	9	131
	낙지볶음	1인분	5	132
	김치빈대떡	1인분	10	222
	호박전	1인분	3이하	108
	녹두전	1인분	7	200
	김치전	1인분	9	157
	감자전	1인분	10	151
	돼지고기 완자전	1인분	4	193
	해물파전	1인분	10	218
	동태전	1인분	4	160
	굴전	1인분	6	182

음식의 eGL

분류	식품명	분량 기준	eGL	열량 (Kcal)	분류	식품명	분량 기준	eGL	열량 (Kcal)
구이, 찜, 조림	깐풍기	1인분	8	297	면류	쫄면	1인분	62	584
	라조기	1인분	8	296		비빔국수	1인분	46	521
	마파두부	1인분	3이하	143		비빔냉면	1인분	45	438
	탕수육	1인분	8	349		물냉면	1인분	42	429
	팔보채	1인분	4	180		회냉면	1인분	47	485
국, 탕 및 찌개	어묵국	1인분	10	112		자장면	1인분	34	419
	만두국	1인분	7	378		우동	1인분	29	293
	떡만두국	1인분	36	519		열무냉면	1인분	40	404
	쇠고기 육개장	1인분	3이하	234		콩국수	1인분	34	488
	콩나물국	1인분	3이하	43		칼국수	1인분	25	279
	순대국	1인분	8	156		짬뽕	1인분	29	380
	선지국	1인분	4	98		라면	1인분	34	515
	갈비탕	1인분	3이하	363		컵라면(큰것)	1인분	27	328
	곰탕	1인분	10	183		컵라면(작은것)	1인분	23	274
	꼬리곰탕	1인분	3이하	237		잡채	1인분	16	168
	설렁탕	1인분	11	176		스파게티 (패스트푸드)	1인분	21	225
	알탕	1인분	3이하	136		수제비	1인분	44	410
	추어탕	1인분	3이하	113		닭칼국수	1인분	12	238
	도가니탕	1인분	5	317		메밀국수	1인분	36	334
	삼계탕	1인분	3이하	932		메밀국수(일식)	1인분	36	327
	돼지고기 김치찌개	1인분	3이하	122		떡볶이	1인분	29	229
	된장찌개	1인분	6	100		물만두	1인분	17	497
	순두부찌개	1인분	3이하	203		군만두	1인분	15	509
	청국장찌개	1인분	3이하	118	분식류	고기만두	1인분	17	464
	동태찌개	1인분	5	126		김치만두	1인분	19	438
	떡국	1인분	47	432		채소튀김	1인분	17	228
	김치콩나물국	1인분	3이하	35		라면볶이	1인분	32	450
밥류	김밥	1인분	37	445		쇠고기수프	1인분	4	24
	볶음밥	1인분	38	444		크림수프	1인분	8	72
	김치볶음밥	1인분	31	384		쇠고기 채소수프	1인분	8	63
	새우볶음밥	1인분	42	403	수프, 샐러드	양송이수프	1인분	8	114
	오므라이스	1인분	41	506		양상추샐러드	1인분	3이하	98
	비빔밥	1인분	33	469		참치 채소샐러드	1인분	3이하	142
	불고기덮밥	1인분	44	438		과일샐러드	1인분	14	172
	오징어덮밥	1인분	44	446		감자샐러드 (패스트푸드)	1인분	8	129
	짜장밥	1인분	47	496					
	생선초밥	1인분	40	521					

분류	식품명	중량(g)	eGL	열량(Kcal)	분류	식품명	1회 분량(g)	eGL	열량(Kcal)
과자류	스낵	30g	11	145	떡류	약식	100g	33	259
	쿠키	34g	14	170		인절미	100g	28	217
빵류	소보로빵	80g	24	301		절편	100g	28	220
	모닝빵	80g	21	253		증편	100g	25	177
	마늘바게트	80g	17	400		찹쌀떡	100g	32	236
	식빵	100g	28	283	음료류	식혜, 캔	200mL	16	74
	크림빵	80g	21	219		오렌지, 캔쥬스	100mL	9	42
	팥빵	80g	23	234		포도, 캔쥬스	100mL	11	54
	페이스트리빵	94g	21	335		요구르트, 액상	150mL	16	98
	팥도우넛	80g	18	319		요구르트, 호상	110mL	13	113
	채소크로켓	155g	15	459		커피, 설탕, 프림	115mL	6	43
	햄치즈샌드위치	150g	14	362		캐러멜마키야토	355mL	14	200
	머핀	80g	17	237		카페라떼	355mL	7	180
	베이글	80g	29	238		카페모카 (휘핑크림포함)	355mL	16	290
	치즈케이크	90g	7	289		이온음료	150mL	9	40
	생크림케이크	85g	14	207		우유	180mL	5	126
떡류	가래떡	100g	33	239		두유	150mL	5	98
	백설기	100g	33	234		콜라	150mL	13	68
	시루떡	100g	27	205		사이다	150mL	13	66

※ 식품의 분류 및 각 식품의 중량 및 기준 분량은 ㈜풀무원의 로하스 식품교환표를 참조함.
※ 각 식재료의 영양소는 CAN pro4.0의 영양성분 정보를 활용하였음.
※ 같은 음식이라도 외식의 경우 1인 제공량이 다르므로 기본 수치에 1.2~1.5배를 곱하여 추정할 것을 제안함.

Index

가나다순으로 찾기

ㄱ
간장 유자드레싱의 쇠고기
토마토샐러드 190
곤약볶음밥 130
구운 버섯 명란젓비빔밥 100
구운 연어 시금치샐러드 200
구운 채소 퀴노아샐러드 206
구운 피망샐러드와 닭다리살
스테이크 216
김치 달걀밥찜 052
김치 비빔곤약면 170
김치 치즈덮밥 142
꽁치통조림 대파조림 쌈밥 060

ㄷ
달걀 통깨비빔밥 094
달걀프라이를 올린
데미그라스덮밥 154
닭가슴살 갈비양념구이 쌈밥 078
닭가슴살 로제소스 파스타 184
닭고기 우엉덮밥 144
닭안심 카레볶음밥 124
대파 버섯 불고기쌈밥 068
돼지 수육 대파무침 쌈밥 076
돼지고기 두루치기 미나리쌈밥 062
돼지고기 숙주덮밥 148
두부 김치볶음밥 118
두부 김치피자 210
두부 달걀 파프리카샐러드 198
두부 배추 된장국 040
두부 상추비빔밥 116
두부밥 046
들깨 미역국 040
땅콩소스를 곁들인 닭고기 무쌈 066
땡초비빔밥 090
또띠야를 곁들인 카프레제 샐러드 204

ㅁ
마파두부 양파 버섯덮밥 140
매콤 순두부덮밥 164
매콤한 닭불고기 마요덮밥 152
매콤한 황태 애호박국 039
메밀면 장터국수 182
명란 달걀밥찜 054

ㅂ
모둠 채소덮밥 150
무밥 050
무생채를 곁들인 닭가슴살보쌈 064

버섯 대파 고추장볶음 비빔밥 110
버섯 약고추장을 곁들인
새우 마늘쌈밥 084
버섯 프리타타 214
버섯초회 배추쌈밥 074
부추잡채를 곁들인
구운 가지쌈밥 082
불고기 호두샐러드 비빔밥 098

ㅅ
사과 호두샐러드 202
새송이버섯밥 048
새싹 듬뿍 돼지고기비빔밥 106
새우 브로콜리볶음밥 128
새우 토마토스튜 224
새우 해초비빔밥 108
새우와 구운 채소 통밀파스타 180
쇠고기 배추볶음 덮밥 146
쇠고기 버섯메밀면 178
쇠고기 오이볶음밥 126
숙주 참치오믈렛 208
숙주밥 047
스팀 샤부샤부쌈밥 072
시금치 새우 데리야키덮밥 162
쌈 싸 먹는 찌개 070
씨앗 강된장 두부쌈밥 058

ㅇ
아보카도 또띠야피자 222
아스파라거스 찹스테이크 215
애호박 새송이버섯덮밥 166
애호박 새우샐러드 188
양배추 달걀밥찜 055
양배추 참치덮밥 160
양배추파스타 174
양배추밥 049
양송이 시금치 월샐러드 192
양송이버섯강된장을 곁들인
양배추쌈밥 086

양송이버섯 된장국 039
양파샐러드를 올린 참치볶음밥 136
연두부 버섯 달걀밥찜 053
오이 새우비빔밥 112
오징어 데리야키 비빔밥 114
오징어 된장볶음 쌈밥 080
우엉 두부볶음밥 122

ㅈ
쪽파 달걀국 040
쪽파 닭안심 된장비빔밥 102

ㅊ
참나물 치킨 달걀볶음밥 120
채소구이를 곁들인 쪽파 간장소스
등심스테이크 212
청경채 두부구이 덮밥 138
치즈소스 버섯 오므라이스 132
칠리소스 오징어볶음밥 134

ㅋ
캐슈너트 드레싱의 구운
치킨샐러드 194
콩나물 달걀비빔밥 104
콩나물 비빔곤약면 172

ㅌ
토마토 고추장 비빔곤약면 168
토마토 달걀밥찜 056
토마토 브로콜리샐러드 196
토마토비빔밥 088
토마토 안심 찹스테이크 덮밥 156
통깨소스 연어구이 218

ㅍ
파프리카 냉파스타 186
파프리카 생채비빔밥 092
폭찹 스테이크 220
표고버섯 달걀덮밥 158

ㅎ
호두 마요소스를 곁들인 참치
당근비빔밥 096
황태 숙주메밀면 176

재료순으로 찾기

곤약
곤약볶음밥 130
김치 비빔곤약면 170
콩나물 비빔곤약면 172
토마토 고추장 비빔곤약면 168

달걀
김치 달걀밥찜 052
달걀 통깨비빔밥 094
달걀프라이를 올린
데미그라스덮밥 156
명란 달걀밥찜 055
숙주 참치오믈렛 208
양배추 달걀밥찜 054
연두부 버섯 달걀밥찜 053
쪽파 달걀국 040
콩나물 달걀비빔밥 104
토마토 달걀밥찜 056

닭고기
구운 피망샐러드와
닭다리살스테이크 216
닭가슴살 갈비양념구이 쌈밥 078
닭가슴살 로제소스 파스타 184
닭고기 우엉덮밥 144
닭안심 카레볶음밥 124
땅콩소스를 곁들인 닭고기 무쌈 066
매콤한 닭불고기 마요덮밥 152
무생채를 곁들인 닭가슴살보쌈 064
쪽파 닭안심 된장비빔밥 102
참나물 치킨 달걀볶음밥 120
캐슈너트 드레싱의 구운
치킨샐러드 194

돼지고기
돼지수육 대파무침 쌈밥 076
돼지고기 두루치기 미나리쌈밥 062
돼지고기 숙주덮밥 148
새싹 듬뿍 돼지고기비빔밥 106
스팀 샤부샤부쌈밥 072
쌈 싸 먹는 찌개 070
폭찹 스테이크 220

두부
두부 김치볶음밥 118
두부 김치피자 210
두부 달걀 파프리카샐러드 198
두부 상추비빔밥 116
두부밥 046
마파두부 양파 버섯덮밥 140
매콤 순두부덮밥 164
씨앗 강된장 두부쌈밥 058
우엉 두부볶음밥 122
청경채 두부구이 덮밥 138

버섯
구운 버섯 명란젓비빔밥 100
김치 치즈덮밥 142
버섯 대파 고추장볶음 비빔밥 110
버섯 약고추장을 곁들인
새우 마늘쌈밥 084
버섯 프리타타 214
버섯초회 배추쌈밥 074
새송이버섯밥 048
애호박 새송이버섯덮밥 166
양송이 시금치 월샐러드 192
양송이버섯강된장을 곁들인
양배추쌈밥 086
양송이버섯 된장국 039
치즈소스 버섯 오므라이스 132
표고버섯 달걀덮밥 158

쇠고기
간장 유자드레싱의 쇠고기
토마토샐러드 190
대파 버섯 불고기쌈밥 068
메밀면 장터국수 182
불고기 호두샐러드 비빔밥 098
쇠고기 배추볶음 덮밥 146
쇠고기 버섯메밀면 178
쇠고기 오이볶음밥 126
아스파라거스 찹스테이크 215
채소구이를 곁들인 쪽파 간장소스
등심스테이크 212
토마토 안심 찹스테이크 덮밥 154

채소, 과일
구운 채소 퀴노아샐러드 206
들깨 미역국 040
땡초비빔밥 090
또띠야를 곁들인 카프레제 샐러드 204
모둠 채소덮밥 150
무밥 050
부추잡채를 곁들인
구운 가지쌈밥 082
사과 호두샐러드 202
숙주밥 047
아보카도 또띠야피자 222
양배추파스타 174
양배추밥 049
토마토 브로콜리 샐러드 196
토마토비빔밥 088
파프리카 냉파스타 186
파프리카 생채비빔밥 092

해산물
구운 연어 시금치샐러드 200
꽁치통조림 대파조림 쌈밥 060
매콤한 황태 애호박국 039
새우 브로콜리볶음밥 128
새우 토마토스튜 224
새우 해초비빔밥 108
새우와 구운 채소 통밀 파스타 180
시금치 새우 데리야키덮밥 162
애호박 새우샐러드 188
양배추 참치덮밥 160
양파샐러드를 올린 참치볶음밥 136
오이 새우비빔밥 112
오징어 데리야키 비빔밥 114
오징어 된장볶음 쌈밥 080
칠리소스 오징어볶음밥 134
통깨소스 연어구이 218
호두 마요소스를 곁들인
참치 당근비빔밥 096
황태 숙주메밀면 176

메뉴를 개발하고 소장가치 높은 요리책을 만듭니다 레시피팩토리

――― 더 가볍고, 건강한 시간을 보내고자 한다면 챙겨야할 요리책 ―――

실천하기 쉬워
평생 지속 가능한
〈대사증후군 잡는 2·1·1 식단〉

한 번쯤 채식을 생각해봤다면,
천천히 즐기면서 채식과 친해지는 6단계
〈채식 연습〉

1년 내내 다이어트?
이제 한 달에 3일이면 충분하다!
〈작심 3일 다이어트〉

더 맛있게! 더 간편하게!
〈에어프라이어로 시작하는
건강 다이어트 요리〉

헬시에이징 식재료 & 건강 레시피
〈헬시에이징 식사법
노화 잡는 건강한 편식〉

아침부터 저녁까지,
온가족을 위한 건강하고 맛있는 오트밀 요리
〈오! 이렇게 다양한 오트밀 요리〉

――― 재료 고유의 맛을 만나고 싶은 분들에게 추천 ―――

싱그러운 계절의 맛
〈제철 재료를 가득 담은
사계절 베이킹〉

실패 걱정 없는
홈메이드 저장식
〈병 속에 담긴 사계절〉

제철 재료로 만든
로푸드 스무디 100가지
〈한 잔이면 충분해! 로푸드 스무디〉

홈페이지 www.recipefactory.co.kr 애독자 카페 cafe.naver.com/superecipe 카카오스토리 · 페이스북 레시피팩토리everyday
인스타그램 @recipefactory 네이버포스트 레시피팩토리 네이버TV · 유튜브 레시피팩토리TV

구입 및 문의 1544-7051, 온·오프라인 서점

간단하지만 맛있게 즐기는 한 그릇

기본 국수부터 맛집 국수까지,
탐나는 국수 레시피 65가지
〈오늘부터 우리 집은 국수 맛집〉

따뜻한 밥 위에
작은 정성을 올려 만든
〈소박한 덮밥〉

어렵게 느껴지는 이탈리아 파스타가 아닌
집에서 즐길 수 있는
〈소박한 파스타〉

살찔 걱정 없다! 칼로리별로 골라 만드는
맛있는 샌드위치
〈더 가벼운 샌드위치〉

죽에 대한 기본 공식부터
실패 없는 죽 레시피까지
〈가끔이지만 꼭 필요한 요리책, 죽〉

요즘 대세는 한 그릇!
식사부터 일품, 간식, 안주까지
〈열 반찬 부럽지 않은 한 그릇 식사〉

정성 가득 집밥을 차리고 싶은 날을 위한 요리책

한번에 넉넉히 만들어
일주일이 편하게 즐기기
〈집밥이 편해지는 명랑쌤 비법 밑반찬〉

번거롭게 한 상 차릴 필요 없다
바로 만들어, 바로 즐기자
〈김치만 곁들이면 식사 준비 끝! 일품 반찬〉

친정엄마 밥상에서 막 독립한
요리 왕초보들을 위한 책
〈진짜 기본 요리책〉 완전 개정판

뱃살 잡는 다이어트 요리책
Low GL

1판 1쇄 펴낸 날 2016년 1월 13일
1판 7쇄 펴낸 날 2020년 8월 15일

편집장	이소민
책임편집	김유진
편집	김유미·김진희·김진우
메뉴 개발 및 검증	이혜영·배정은·백운숙·김지나
아트 디렉터	원유경
디자인	임수연·변바희
사진	이지아
스타일링	김형남(어시스턴트 임수영)
영업·마케팅	김은하·고서진
고문	조준일
펴낸이	박성주
펴낸곳	(주)레시피팩토리
주소	서울특별시 송파구 올림픽로 212 갤러리아팰리스 A동 1224호
독자센터	1544-7051
팩스	02-534-7019
홈페이지	www.recipefactory.co.kr
독자카페	cafe.naver.com/superecipe
출판신고	2009년 1월 28일 제25100-2009-000038호
제작·인쇄	(주)대한프린테크

값 14,800원

ISBN 979-11-85473-12-3

Copyright ⓒ 남기선 & 레시피팩토리
이 책은 저작권법 및 저자와 (주)레시피팩토리의 독점계약에 의해 보호받는 저작물이므로 이 책에 실린 글, 레시피, 사진의 무단 전재와 무단 복제를 금합니다.

* 인쇄 및 제본에 이상이 있는 책은 구입하신 서점에서 교환해 드립니다.

소품 협찬
윤현핸즈, 봉주르키친(bonjourkitchen.com), 코코홈앤(cocohomen.com)